高大接続改革――変わる入試と教育システム【目次】

はじめに

　現在の大学入試センター試験は、2019年度を最後に終了し、2020年度からは「大学入学希望者学力評価テスト（仮称）」が導入されます。この新テストは、従来の知識量を問う暗記型の出題形式ではなく、思考力・判断力・表現力なども評価するため、一部で記述式を導入することが決まっています。暗記型、知識偏重型の受験秀才ではなく、正解のない問題を解く、主体的に多様な人々と協働して学ぶ人を評価する仕組みへと、大学受験が大きく変わります。受験だけではなく、高校の教育、大学の教育もこれに合わせて変化していきます。これまでの「基礎知識」に加え、「思考力・判断力・表現力」が求められるのです。

　この高校、大学入試、大学の3つを同時に改革するのが「高大接続システム改革」です。その意義を、文部科学省専門家会議座長・安西祐一郎氏は、こう語っています（毎日新聞2016年3月16日付、東京版朝刊抜粋、http://mainichi.jp/articles/20160316/ddm/004/070/005000c）。

「これから労働生産性が低迷し、グローバル化が進むなど厳しい時代を生きていくためには、主体性を持って問題に取り組み、自ら答えを見つける総合力が求められる。現在の高校の教育では、従来型の知識を詰め込む授業が主流です。それには大学入試が主に基礎知識が問われるものになっていることが影響していると思います。これからは「基礎知識」に加え、「思考力・判断力・表現力」「主体性を持って多様な人々と協働して学ぶ態度」の3要素を評価する入学者選抜に転換する必要がある。記述式問題なら思考力や表現力を評価できます。たとえば、あるテーマに関する1400字程度の新聞記事を読んで自分の考えをまとめる、というような問題です」

このように、大学入試の問題が大きく変わると、今までのような知識を詰め込む勉強だけをしていては、大学に受からなくなる恐れがあります。そこで、「アクティブラーニング」という言葉が、教育界でにわかに騒がれ始めています。

この分野の第一人者の一人である、京都大学高等教育研究開発推進センターの溝上慎一准教授は、ネットニュースのインタビューでこう答えています（引用：http://www.chieru-magazine.net/magazine/2014-high-magazine/entry-3851.html）。

「知識習得を第一目的とする伝統的な教授—学習観の転換が必要だという意識の高まりの中で、そのカギとなるのが能動的な学習であると考えられている」

「能動的な学習＝アクティブラーニング」。すなわち、黙って先生の話を聴くことだけが学習ではなく、学習者中心の学びへと、教育は大きく変わろうとしているのです。今までの教育は、国家のための人材を育成するものであり、主役は学校・教師の側でした。しかし、学びたい気持ちは本来、一人一人の人間が持っているはずです。赤ちゃんを見てください。親や周囲に言われたことをやるのではなく、自分がやりたいことをして生きています。それが学校に行くうちに、言われたことをやるだけの子どもになってしまうのです。「言われた勉強を黙ってやればいい」まま大学に入り、企業に入った人たちが、現在の日本をつくってきましたが、その限界は、誰もが感じていることでしょう。この閉塞感はどこからやってくるのか？

時代の変化です。私たちが信じていた「学校教育」は、先生が教え、生徒が黙って聴く勉強です。それは、明治時代の富国強兵や、戦後の高度経済成長期には、大きな力を発揮し、日本を発展させてきたことは事実です。これらは、「より豊かな欧米に追いつく」という、明確な目標があったからできたことでした。しかし、もはやその目標を失った時代、誰からも正解を用意してもらえず、自分で人生の難問を見つけ、自分で解く力が、子どもだけではなく大人にも求められています。知識伝達型の授業の時代が終わるのです。

急激にそれを促しているのが、２０２０年のセンター試験廃止、新試験の導入です。これまのような暗記中心ではなく、思考力を問う新しい時代の問題を出す。そのため、高校教育も変わらなければならない。これが、教育現場に衝撃を与え、子どもを持つ親も振り回されています。

すでに高校の現場、大学の講義の現場で、どんな「アクティブラーニング＝能動的な学習」を生徒・学生にさせたらよいのかという議論は盛り上がっており、本もたくさん出ています。多くの高校や大学が熱心に取り組み始めています。でもまだ、保護者や塾・予備校・マスコミなどの世界では、「東大合格」「有名中学・高校に入れたかどうか」の話題が花盛り。このギャップを埋めるために書いたのが本書です。

本書は『高大接続改革――変わる入試と教育システム』というタイトルですが、「受験テクニック」を伝授する本ではありません。本来、自らの意志で学ぶことは楽しいものです。受動的な「教育」から能動的な「学習」へと変化していくのは、お子さんだけでなく、私たち大人もまた主役なのです。シンポジウムや講演会に行けば、手を挙げて能動的に質問できない私たち。そんな私たち大人からまず、能動的な学習をする姿を子どもに見せ、共に学び、成長していこうではありませんか。

本書は全5章で構成されています。まず第1章では、受験生の親御さんの関心が高い、20

20年入試改革について、2016年3月31日に文部科学省の高大接続システム改革会議が公表した「最終報告」を読み解き、国や文科省が、どんな人材を育成したいかを理解します。高校や塾・予備校はそれぞれいろいろ考えてお子さんを支援してくれるでしょうが、まず、一次情報に触れることが重要です。

第2章では、「偏差値で人生が決まる」という、衝撃的な内容をお送りします。「自分の学びたいことで進路を選ぶ」「偏差値ではなく個性」など、美しい言葉が流布する一方で、どうして、エリート層の家庭を中心に、有名中学、高校、大学への受験が過熱するのでしょう。どうして企業は有名大学出身者を採用したがるのでしょう。それは、受験の「学力による選別」という機能が有効であると、誰もが潜在的に認めているからです。私は、主要大学の就職データから、その事実を割り出しました。この第2章ではあえて、「偏差値は学力による人材の選別として有効であり、有名大学を目指すのは正しい」という視点に立ってみます。こうした高校、親、受験業界、マスコミのニーズを無視して、大学周辺だけで「偏差値より中身」と教育の理想をいくら語っても、市場に見放されて定員割れし、経営が悪化している4割の私立大学が救われるわけでもありません。

第3章では、「教育学」を超える「学習学」の提唱者であり、「楽しくて、即、役に立つ」参加型研修の講師としてアクティブラーニングを25年以上実践する、京都造形芸術大学教授・副学長の本間正人先生に、アクティブラーニングに対して、多くの人が感じる「素朴な疑問」「今さら質問しにくい質問」について、回答していただきます。私は教育ジャーナリストとして何冊かの本を書いてきましたが、教育学者ではありませんので、理論的な研究については素人です。そこで今回、共著者として本間先生のご協力をいただいて、本書をより学術的な評価に耐えられるものに強化しています。第1章、第2章のコラムと第3章をご執筆いただきました。第4章、第5章ではそれぞれ私が、取材してきた全国の様々な高校、大学のアクティブラーニングの取り組みをご紹介しますが、ただよその学校の話を書くだけではなく、読者の皆様にすぐに役立つ話に昇華したいと考えています。

「アクティブラーニング」は、まだ日本では始まったばかりの言葉ですが、その行動自体は昔からあります。今、この文章をあなたが読んでいることも、「アクティブラーニング」です。能動的な学習は、学校を卒業したら終わりではありません。一生続きます。ぜひあなたも私も、「最終学歴ではなく最新学習歴」（©本間正人）を更新し続けようではありませんか。

それでは、1時間目の授業をはじめます。

山内太地

第1章　2020年の大学入試

読者の皆さんにとっての、一番の心配事は、やはり、現在、小学校・中学校に通うお子さんが、どういった大学受験をするかということだと思います。おそらく、多くの保護者の方が、子どもの幸福を願い、塾に通わせて、あるいは名門とされる中学や高校に合格させ、大学も名の知れたところに入り、自分の力で人生を切り開いていってほしいと願っているでしょう。

国、文部科学省もそれは同じです。現在の子どもたちが生きていく厳しい時代に、力強く、学んでほしい。そうした観点から、様々な教育改革が進められています。そのなかには、批判や、多様な意見を集めているものもあることは事実です。しかし、今回私は、教育評論家、あるいは教育ジャーナリストとしてではなく、皆さんと同じ一人の親として、教育を大上段から語るのではなく、皆さんと同じ目線で、子どもの幸せを願う親の立場から、今回の「高大接続システム改革会議」の最終報告と向き合っていきたいと思います。

†高大接続システム改革

平成28年3月31日に文部科学省の高大接続システム改革会議が公表した「最終報告」では、まず、今回、高校の教育と大学教育、そしてその間に位置する大学入試の3つをすべて改革するに至った経緯が説明されています。その理由は、社会変動です。明治時代から私たちが受けてきた近代教育は、先進国に追いつくという明確な目標の下、知識や技能を受動的に習得してきました。教室では先生が一方的にしゃべって授業をし、児童・生徒・学生は眠い目をこすりながらこれを聴き、暗記し、ノートに書き、テスト勉強をしてきたのです。しかし、こうした教育は、グローバル化、多極化、新興国の勃興、産業構造の転換、生産年齢人口の急減などの急激な社会の変化には、必ずしも対応できていないというのです。

こうした新しい時代には、いままでの受験のような、知識の量を競う入試ではなく、問題を発見したり、多様な人々と協力したりして、新たな価値を創造していく必要があります。受動から能動へと、教育が百八十度転換すると考えてください。

「最終報告」では、子どもたちが身に付けるべき力として、「学力の3要素」を強調しています。

①十分な知識・技能

②それらを基盤にして答えが一つに定まらない問題に自ら解を見いだしていく思考力・判断力・表現力等の能力

③これらの基になる主体性を持って多様な人々と協働して学ぶ態度

です。このすべてを、一人一人の学習者が身に付けることを求めています。

ここで、「学習者」という言葉が盛り込まれたのは、画期的です。「教育者」というと、普通は、先生や大学教授を指すでしょう。でも、「学習者」とは、児童・生徒・学生本人です。つまり、国や学校が押し付ける教育から、子ども自身が主役になって自ら自発的に学ぶ学習へと、教育も学校も大きく意識を転換するということです。

すでに小中学校では、学習指導要領によって「知識・技能」と「思考力・判断力・表現力」をバランスよくはぐくんだ教育が進み、2012年のOECDのPISA（生徒の学習到達度調査）でも、日本の子どもたちの成績は国際的に高い水準になったとされています。問題は高校です。今や97％超の中学生が高校に進学するわけですが、高校の授業は「学力の3要素」が浸透していないのが課題として指摘されています。その元凶とされるのが、「大学入試」です。知識の暗記・再生や、暗記した解法パターンの適用の評価に偏りがちであると「最終報告」は指摘しています。名門大学受験が、いまだに親世代と同じ受験競争、暗記競争になっており、せっかく中学までは次世代の教育をしていても、高校から大学で昔ながらの教育に戻ってしまっているというのです。

そして、苦労して入った大学では、「先生が一方的にしゃべって知識を伝達し、学生は寝るかスマホ」の、いまだに一方的な知識の伝達にとどまる授業が多く行われています。一部の大学では、学生の能動的な学習もかなり行われてきていますが、こうした大学の取り組みは、多くの受験生が進学する大規模大学には、なかなか浸透していきません。何万人も学生がいるマンモス大学で、教員と学生が少人数で、双方向で丁寧な授業をするのは、困難なのが実態です。

従来、大学改革はずっと叫ばれ、行われ続けてきましたが、根本的な改革はついにできませんでした。大学受験に縛られる高校も同様です。そこで、「高大接続システム改革」の名の下に、これを三者一体で改革しようというのです。

†「高校テスト」と「大学テスト」

改革の基本は、「学力の3要素」です。高校や大学でおろそかにされている、①十分な知識・技能、②思考力・判断力・表現力、③主体性を持って多様な人々と協働して学ぶ態度を、高校でしっかり身に付け、大学入試はそれを評価し、大学教育でもこれを深めていく。そのためには、高校時代に「学力の3要素」がしっかり身に付いたかどうかをテストする必要があります。こうして生まれるのが「高等学校基礎学力テスト（仮称）」です。

この「高校テスト」は、「大学入試センター試験」（いわゆるセンター試験）の代わりではありません。それは後述する「大学入学希望者学力評価テスト（仮称）」のほうがより近いものとなります。教育の専門家から見れば、この「高校テスト」と「大学テスト」には、大きな目的の違いがありますが、私は一般人の感覚としては、センター試験が2つに分かれたと考えておいて問題ないと思います。「高校で学力が身に付いたかどうかを見る試験」と「大学で学ぶ能力があるかどうかの試験」です。2つとも受験する必要があるのか、どちらか片方でいいのかは、まだはっきりとは決まっていません。

まず、「高校テスト」で良い成績を取るには、小中学校で実践してきた、グループ活動や探究的な学習などの学習・指導方法によって身に付いたはずの、受け身ではなく課題の発見と解決に向けて主体的・協働的に学ぶ学習、つまりアクティブラーニングによる学習・指導方法が有効です。もちろん、高校教員の資質向上が欠かせません。こうして、生徒の多様な学習成果を測定するツールの一つとして、高校生の基礎学力を測るのが「高校テスト」です。

保護者の皆さんが、お子さんの進学先の高校を選ぶ際、そこからどんな大学に進学したのかは、もちろん重要な要素です。これに加え、志望した高校で、どのようなアクティブラーニングが行われているのかも、重要な学校選びの基準になっていくでしょう。ただ「有名大学に入ってよかったね」ではなく、高校や大学で、十分な知識・技能と思考力・判断力・表現力等を身に付け、主体性を持って多様な人々と協働して学ぶ子になってほしいものです。

「学力の3要素」は、大学にも適用されます。「最終報告」では、「個々の学生の主体性をさらに引き出す多様な学びの場をつくり、十分な能動的学修とそれを支える広く深い知識・技能を獲得できるようにする必要がある」と述べています。大学の授業も、先生の話を黙って聴くことで広く深い知識が身に付いたはずという「教えたふり、学んだふり」が通用しないのです。

大学入試も変わります。従来の、暗記力を競うようなテスト、あるいは、学力をまったく評価しないような形態に変化してしまっている印象を与えているAO入試も変わっていきます。

「学力の3要素」を多面的・総合的に評価するものになります。そのために国が「知識・技能」を基盤とした「思考力・判断力・表現力」を中心に評価する「大学入学希望者学力評価テスト（仮称）」が創設されます。これが今のセンター試験に代わるものになります。

主役は中学2年生と小学4年生

急激な導入は混乱を招くため、「高校テスト」は平成31（2019）年度から試験的に導入され、次期高等学校学習指導要領が適用される平成34（2022）年度の翌年、平成35（2023）年度から本格的に実施されます。平成31年度から平成34年度までは「試行実施期」で、この4年間は大学入学者選抜や就職には用いられず、本来の目的である学習の改善のみに使用します。「大学テスト」は平成32（2020）年度から実施されます。これも、次期高等学校学習指導要領に合わせ、平成36（2024）年度からが本格実施で、平成32年度から35（2023）年度は移行期間として、現在の学習指導要領の内容で行うので、急激にテストの問題が変わるわけではないでしょう。ただし、「思考力・判断力・表現力」を判定するために、マークシートだけのセンター試験と違い、マークシートに加え、記述式の問題も導入されます。

このことから実は、教育上で重要なのは、2020年のセンター試験廃止ではなく、2022年の高校の学習指導要領の改訂であることがわかります。塾や予備校では、目の前の試験対策はしてくれるでしょうし、高校も様々な教育や受験指導の取り組みをしますが、その背景にある大きな変化を、親としては知っておきたいところです。

・導入タイムテーブルのまとめ

①2019年度「高校テスト」が試験的に導入される。2019年に高校1〜3年生になっているのは、2016年4月現在の中学1〜3年生。

②2020年度　センター試験ではなく、「大学テスト」になる。2016年4月現在の中学2年生。2023年までの移行措置。

③2022年度　次期高等学校学習指導要領が適用される。2016年4月現在の小学校4年生が高校1年生の時。

④2023年度「高校テスト」本格導入（大学受験や就職で使用）2016年4月現在の小学3〜5年生が高校1〜3年生の時。

⑤2024年度「大学テスト」本格導入。2016年4月現在の小学校4年生が高校3年生の時。

このように、2016年度現在の主役は、実は、小学校4年生であることがわかります。小学校4年生以下の皆さんは、新しい高等学校学習指導要領で教育を受け、高校3年生の時には、本格導入された「大学テスト」で大学受験をすることになります。もちろん、センター試験が廃止される中学2年生～小学5年生の親御さんにとっても、移行期間中とはいえ、記述式問題が出るなどの変化を敏感に感じ取っていく必要があります。さらに、まだお子さんが小さい親御さんにとっても、年上の子どもたちが受験の変化の渦中にあるのを、注目していく必要があるでしょう。

†親と学校は、どう変わるか

さて、皆さんはここまでで、従来の大学入試のような、知識の暗記・再生や、暗記した解法パターンの適用に長けただけでは、有名大学合格が難しいことが、おわかりいただけたと思います。すなわち、「学力の3要素」がきちんと身に付き、新しい入試に対応できるような中学・高校や塾・予備校を選ばなければなりません。

高校では、知識の伝達だけに偏らず、学ぶことと社会とのかかわりを意識した教育が求められます。「何を教えるか」という知識の質や量の改善だけではなく、「どのように学ぶか」という学びの質や深まりを重視した学習・指導で、「何が身に付いたか」という学びの過程を含めた多様な学習成果が求められるのです。学校や塾だけではなく、親の役割も一層重要になっていくでしょう。高校においては、「アクティブラーニング」を用いて、受け身ではなく課題の発見と解決に向けて主体的・協働的に学ぶ学習が求められます。お子さんの高校がそうした勉強をきちんと正課・課外でしているか、教員は授業で一方的に話すだけではなく「アクティブラーニング」を用いた授業をしているかどうか、保護者が厳しくチェックするようになります。

科目も変わります。平成26年6月に中央教育審議会がまとめた答申によりますと、高校の「世界史」の必修を見直し「歴史総合（仮称）」を必修にします。「歴史総合」では、我が国の伝統と向かい合いながら、自国のこととグローバルなことが影響し合ったりつながったりする歴史の諸相を、近現代を中心に学びます。地理も「地理総合（仮称）」になり、持続可能な社会づくりに必要な地理的な見方や考え方をはぐくみます。公民科では「公共（仮称）」が必修として新設され、主体的な社会参画に必要な力を人間としての在り方生き方の考察と関わらせながら実践的にはぐくみます。理系については、「数理探求（仮称）」を選択科目として新設し、数学と理科の知己や技能を総合的に活用して主体的な探究活動を行います。このほかの科目についても、何らかの改革が検討されています。

もちろん、こうした「上からの改革」だけではなく、各高校が生徒の実態に応じて学校設定教科・科目を設けたり、学習指導要領上の教科・科目等について標準単位数を増加して対応することも検討されています。各高校が個性を出して教育内容を競い合い、受験生の獲得を目指す競争が強まるでしょう。偏差値や大学進学実績による高校の序列は急には変わらないでしょうが、従来の暗記型の大学受験に特化した教育をする進学校は、変化しなければ生き残れないでしょう。

このような、高校の教科・科目の教育内容の見直し、「アクティブラーニング」を用いた学習・指導方法、「高校テスト」を用いた学習評価によって、高校教育で「学力の3要素」、①十分な知識・技能、②それらを基盤にして答えが一つに定まらない問題に自ら解を見いだしていく思考力・判断力・表現力等の能力、③これらの基になる主体性を持って多様な人々と協働して学ぶ態度、を身に付けさせるというのが国の目的です。大学入試では、その能力を、各大学の個別選抜や「大学テスト」で評価します。

†深刻な、いまどき高校生の実態

「高校テスト」導入の背景には、高校生の深刻な基礎学力の低下と、学習意欲の低下が挙げられます。一生懸命に受験勉強をし、難関大学を目指そうとするエリート高校生がいる一方で、そうではない高校生が多いことは、国力の観点から深刻な問題です。中卒者の97%超が高校に進学する今、高校生のすべてが勉学意欲に燃えているわけではないことは、残念ながら事実です。

「最終報告」では、平日、学校の授業時間以外にまったく、またはほとんど勉強をしていない生徒が、高校3年生の約4割であると指摘しています。さらには、高校生のスマートフォン等の利用時間の平均が、男子高校生では3・8時間、女子高校生では5・5時間という調査結果も公表されています。本を読まない高校生は約5割、新聞を読まない高校生は約4割といわれ、大学全体の約51%にあたる378大学で、高校段階の教育内容を扱う補習授業を実施しています。私立大学の約43%（平成27年度）が定員割れで、AO・推薦入試による大学入学者の割合も同じく約43%（同）に達しています。一般入試による入学者は約56%（同）ですから、今や大学受験は、難関大学を除けば高いハードルとは言えません。しかし、高校時代に勉強をせずに簡単に入れる大学の将来が暗いことは、第2章で就職をテーマにじっくり論じたいと思います。

授業以外でほとんど勉強せず、スマホ三昧で本も新聞も読まない高校生が4割から半数近くいる現状。そうではない高校生もどれだけちゃんと勉強しているのかわかったものではありません。難関大学といっても、昔よりはずいぶん入りやすくなっているからです。18歳人口が半減したのに東大の定員が半減したわけではないし、大規模私立大学も規模の拡大を進めてきました。こうした中で、高校生にちゃんと基礎学力がついているか、正確に把握する必要があると判断されたのです。

†高校テストは学力中下位層のための試験か

「高校テスト」の導入にあたっては、高校生の多様性を踏まえ、センター試験のような同一問題・一斉実施ではなく、複数レベルの問題から学校や受検者（受「験」者ではなく、「検」を使います）が選んで受検し、高校側は学校行事などを考慮しながら実施時期を柔軟に設定できる仕組みが検討されています。基礎学力の習得を確認するだけではなく、学習意欲の向上による、高校教育の質の向上が目的です。では、気になるどんな問題が出るかですが、２０１６年４月現在では、従来型のテストではなく、CBT方式（コンピュータを用いる）であることだけが決まっています。通常の高校の授業をきちんと理解していれば大丈夫で、よほど奇抜な問題は出ないと考えられます。

「高校テスト」は、国語、地理歴史、公民、数学、理科、英語で行われます。私たちが慣れ親しんだ、高校受験や大学受験でおなじみの「国語、社会、数学、理科、英語」の５教科の世界です。保健体育や美術、音楽、情報などは含まれていません。ただし、平成31年度（２０１９

年度）の導入当初は、国語、数学、英語のみで実施されます。これは現行の学習指導要領に沿ったものです。地理歴史、公民、理科などは、次期学習指導要領が実施される段階から追加導入されます。一部の教科・科目を選択しての受検も可能となっているので、現在の多くの大学受験のように、2科目、3科目だけの受検もできます。

「高校テスト」では、「学力の3要素」のうち、基礎的な「知識・技能」を問う問題を中心に、「思考力・判断力・表現力」を問う問題をバランスよく出題することとされています。さらには、実社会の様々な事物や事象に結び付けた問題も想定されており、高校側の教育の腕の見せ所であると同時に、保護者にとっては、子どもの学びを学校や塾だけに任せるのではなく、日常の家庭生活において、学校の勉強をどう社会と結びつけるのか、親として子どもに示すことも重要でしょう。

「高校テスト」は、義務教育段階の学習内容も含めて出題され、「平均的な学力層」や「学力面で課題のある層」における、基礎学力の定着を把握するためのものとされています。現状でははっきり断言はされていないのですが、学力中下位層のための試験になる可能性もあります。学力上位層が大学受験でより重要なのは「大学テスト」の方になるでしょう。

†入学者選抜改革は、米国式に近い

それでは、気になるセンター試験に代わる「大学テスト」の話です。「最終報告」では、現在の大学入試問題が、「多くの大学では知識の暗記・再生や暗記した解法パターンの単なる評価に偏りがちで、思考力等を問う問題であっても、答えが一つに限られている設問が多い」と問題視しています。私たちが慣れ親しんだ、大学受験の世界を、真っ向から否定するような論調です。そして受検者が、「学力の3要素」が身に付き、大学教育に耐えられる水準かどうかを判断する試験へと変化させるとしています。平成32年度の導入、平成36年度の本格導入という流れで、従来、国公立大学や私立大学に入学する際に用いられてきた大学入試センター試験は、「学力の3要素」を重視した、新しい「大学テスト」に完全に移行するのです。

お子さんが中学2年生、そして小学校4年生以下の保護者の皆さんにとっては、遠い未来の話ではなく、まさに当事者なのです。

もちろん、「大学テスト」はセンター試験の代替ですから、これだけで東大合格が決まるわけではありません。二次試験がありますし、独自の入試をする大学もあります。「最終報告」では、「個別大学における入学者選抜改革」についても指針を出しています。従来のような筆

記試験のみによる判定ではなく、入学希望者の多様性を、様々な評価方法を駆使して判定するようにと勧めています。具体的には、

・「大学テスト」の結果
・自らの考えに基づき論を立てて記述させる
・調査書
・活動報告書
・各種大会や顕彰等の記録、資格・検定試験の結果
・推薦書等
・エッセイ
・大学入学希望理由書、学修計画書
・面接、ディベート、集団討論、プレゼンテーション
・その他

などです。学力試験だけではなく、多面的な評価で受検生を選抜するというものです。

すでに、今後、国立大学は、入学者の3割程度を一般入試ではなくAO・推薦で入学させるという指針を示しており、東大、京大をはじめとして、活動報告や学修計画などを高校生に求

める推薦入試を導入する国立大学も多くなってきました。これは、こうした国の要請を受けた入試改革なのです。今後、各大学は、「学力の3要素」（知識・技能、思考力・判断力・表現力、主体性を持って、多様な人々と協働して学ぶ態度）を「大学テスト」で評価するとともに、調査書や大学入学希望理由書、面接など多様な評価方法を工夫するようになります。

こうした入試は、米国の大学入試と似ています。日本の高校生が米国の大学に入学を希望する場合の、一般的な事例を紹介しましょう。

日本の高校生が、米国の大学を目指す場合、日本の高校3年生の12〜1月までに出願し、3月に高校を卒業、同年の9月に米国大学に入学するのが一般的です。入試の時期自体は日本の大学受験と変わりません。出願資格として英語はTOEFL‐iBTが課されることがほとんどです。TOEFL‐iBTは120点満点で、米国の名門大学は、英語での講義についていける80〜100点を高校生に求めます（大学、学部によって違う）。TOEFLの代わりにIELTS（アイエルツ）受験の場合は、6・0〜7・0以上が要求されることが一般的です。

出願に必要な書類は9つあります。これも実際には多様なので、一般的な事例をご紹介します。お子さんがハーバード大学を受験すると仮定して読んでください。

①願書

②出願手数料
③ＳＡＴ（平均１８５０〜２０９０点）及びＳＡＴサブジェクトテスト（米国版センター試験のようなもの）
④ＴＯＥＦＬまたはＩＥＬＴＳの結果
⑤高校の成績証明書
⑥財政証明書（１年間の学費や生活費を保証する額の提示）
⑦課題エッセイ
⑧日本の高校教師からの推薦状（１通から３通）
⑨スクールリポート（日本の校長や進学指導教員、担任からの推薦状で高校のプロファイルを含む）。

ＴＯＥＦＬ・ｉＢＴやＳＡＴは、日本で通常の高校生活を送っていては、とても要求される点数に達しないことが多く、東京都内であれば、ルートＨ、igsZ、アゴスジャパン、お茶の水ゼミナール、トフルゼミナール、テンプル大学ジャパンキャンパスＡＥＰ、レイクランド大学ジャパンキャンパスＥＡＰ、ニューヨーク大学ＡＬＩ東京校など、米国留学のための塾があり、費用はかかるものの、米国留学の水準に達するまで英語力を鍛えてくれたり、書類の作成も手伝ってくれます。もちろん、本来は、塾に通わずに書類を用意し、ＳＡＴやＴＯＥＦＬ・ｉＢ

Tも自分で対処すれば、誰でも受験することはできますが、合格は難しい。地方在住だったり、スポーツで忙しく、塾に通えない場合は、各自で工夫するしかありません。オンラインで学べる学校もありますし、独学で合格した人もいるので諦めないことです。

ハーバード、プリンストンなど、米国一流大学に合格した日本人学生が、一様に「最難関だった」と言うのがエッセイです。英語で志望理由や課題に答えるものですが、高校時代から、ボランティア活動、科学オリンピック、スピーチコンテスト、模擬国連参加など、目覚ましい活躍をしたネタがないと、かなり厳しいと言われます。TOEFLやSAT対策だけではなく、高校生活そのものも充実させておかないといけないのです。

高校教員の推薦状も英語なので、早めに先生に相談しておかないと、そもそも高校の先生が英語で推薦状を書けるのかという問題があります。TOEFLは遅くとも高校2年生ぐらいまでには、塾に通って点数を上げておくと良いでしょう。SAT対策や願書、エッセイ対策、推薦状の準備は高校3年生になってからでも良いですが、いずれにせよ、早め早めに準備しておかないと、合格は難しいでしょう。

米国の大学入試自体は日本の大学受験と時期がほぼ同じであり、入学までは半年間の余裕があるので、滑り止めとして東大や慶應など日本の大学にとりあえず4月に入学しておき、9月に中退・休学して米国大に行く人も多いです。

ハーバードやその他米国名門大に合格した人の記事をネットで見ると、とりあえず東大に入ってから、秋からハーバードに入ったという学生がよく登場します。彼らは一様に、東大や慶應や一橋の、遊んでいるだけの大学生、聴いているだけのつまらない授業から、米国名門大学で世界中から集まった学生や教員との刺激的な毎日を送る変化を語っており、日本のトップ大学が、入学するのが目的になってしまっていること、入学後の教育の質は世界水準とは言い難いことを痛感します。

†大学入試改革で不平等が生まれる？

今回の日本の大学入試改革は、大きくはこうした米国型への変化を促しています。ペーパー試験だけではなく、多様な書類などで判断することには、一定の意義があるでしょう。ただし、こうした入試には当然批判もあります。都会で、富裕層で、文化資本が充実した、名門中高一貫校出身者が、今まで以上に有利になってしまう身分制社会の到来なのではないかという懸念です。合格のための塾も隆盛が予想されます。

ペーパー試験だけや、学力だけで選抜する方が、平等であるというものです。当然、それも一理あります。だからこそ、東大も京大も、こうした方式の推薦入試はごく一部の定員にすぎず、各国立大学も3割までにとどめているのでしょう。すべての国立大学が米国方式の入試形態になるのは、現実的ではないと思います。

なので、入試は多様化するものの、主流は、今までどおりの、学力を重視する（ただし、建前としては「学力の3要素」に従った高校教育や大学入試形態になる）入試は、極端には変わらないでしょう。いくら部活動やボランティア活動を熱心にやっても、東大の講義や研究に耐えられる学力がなければ、合格しても授業についていけず、中退することになるでしょう。すでに、学力を重視しない一部の大学のAO入試では、そうした弊害も指摘されています。

「最終報告」では、学力不問と化した一部の大学のAO・推薦入試に対し、「高校テスト」で学力を把握することを求めています。全入大学におけるAO・推薦入試は、「知識・技能」「思考力・判断力・表現力」をきちんと問うものに変えていくべきというのが、「最終報告」の主張であり、すべての大学が何らかの対応の変化を求められます。誰でも入れるレベルの大学の淘汰が始まるかもしれません。

いずれにせよ、これからの大学入試は、「学力の3要素」を基礎にした「大学テスト」で高得点を取るだけではなく、小論文、プレゼンテーション、推薦書などの多様な評価方法で、

「知識・技能」「思考力・判断力・表現力」「主体性を持って多様な人々と協働して学ぶ態度」を評価されるようになります。そのすべてを、高校の授業や部活動、塾や予備校にゆだねて良いのでしょうか？

親の役割、家庭での日常で、こうした力をはぐくんでいくことが、重要になってくるでしょう。「従来型のペーパー試験重視のほうが、平等である」という一部の教育関係者の主張は一理あるのですが、それだけを聴いて賛同しても、お子さんが大学に受からない現実があります。「学力の3要素」に加え、活動報告書や大学入学希望理由書、学修計画書などを作成する能力、それをプレゼンテーションする能力を、お子さんが高校生のうちに身に付けておく必要があるのです。

†状況変化に対応した者が生き残る

現在のセンター試験は、平成27年度現在で、高校卒業者の約5割、大学入学希望者の約8割にあたる約56万人が受験を申し込んでいます。これが2020年から「大学テスト」に移行するわけですが、その新しいテストは、「学力の3要素」を踏まえ、十分な知識・技能、それらを基盤にして答えが一つに定まらない問題に自ら解を見いだしていくために必要な思考力・判断力・表現力を問うものになります。そのため、高校の教育も、塾や予備校での指導も変わっていくことが予想されますし、保護者自身による子どもの教育も、こうした社会の変化を敏感に感じ取り、変えていく必要があります。

個別大学の入学者選抜も同様で、「主体性を持って多様な人々と協働して学ぶ態度」も、求められます。これまでの学校や塾の、「知識や解法パターンの単なる暗記・適用などの受動的な学び」から、「学んだ知識や技能を統合し構造化しながら問題の発見・解決に取り組む、より能動的なもの」へと変革を求められるのです。

「大学テスト」は、教科・科目の知識をいかに効率的に評価するかではなく、大学教育を受けるために必要な能力として、

・内容に関する十分な知識と本質的な理解を基に問題を主体的に発見・定義し、
・様々な情報を統合し構造化しながら問題解決に向けて主体的に思考・判断し、
・そのプロセスや結果について主体的に表現したり実行したりする、

ために必要な能力を適切に評価することを重視しています。そのため、「どんな問題が出るのか？」と皆さんは不安になると思いますが、「大学入学希望者が日頃から主体的に活動し、能動的に学ぶことを促進するような作問を行う」とされています。

現行のセンター試験は、

・知識の習得状況の評価に優れていることに加えて、マークシート式でありながらも、与えられた問題を分析的に思考・判断する能力の評価に優れている。

・複数の情報を統合し構造化して新しい考えをまとめる思考・判断の能力や、その過程や結果を表現する能力の評価についてはさらなる改善が求められる。

・多肢選択式中心のため、文章を書くこと、図を描くことなどを解答に含む問題は出題しにくく、選択肢の内容を参考として解答するなどのケースもある。

と指摘されています。そして、「複数の情報を統合し構造化して新しい考えをまとめるための思考力・判断力やその過程や結果を表現する力」を評価できるように、マークシート式問題を改善するとしています。つまり、当初検討されていたような、全面的な記述式の試験にはならず、マークシートは存続するわけです。ただし、自ら文章を書いたり図やグラフなどを描いたり式を立てるなどの記述式問題の導入を検討するそうです（採点する大学教員から負担増などの不安の声が上がっています）。

現在の小学4年生が高校生になってから学ぶ、平成35年からの次期学習指導要領を踏まえ、各教科の本質に根差した見方や考え方を身に付けておけば、新しい「大学テスト」をおそれることはありません。けれど私は、全員が満点を取って東大に入れるはずもなく、自分の学力や力量を正確に把握して、自分らしい人生を切り開く方が、偏差値や大学名に縛られて受験の敗者としてコンプレックスを持つよりも健全だとは思います。有名大学を目指して受験勉強をがんばるのは、社会的な成功のためであるのはもちろんですが、親としてそれを子どもに押し付けるのではなく、本人の自主性に任せ、自ら能動的に学ぶ姿勢こそが、子どもの幸福につながります。

「大学テスト」では、英語も、私たちの世代までのような「読む」「聞く」だけではなく、「書く」「話す」を含めた四技能が重視されます。これに関しては、優れた高校の取り組みや、受験に特化した塾や予備校が何とかしてくれるでしょうから、私が詳細に語る必要もないでしょう。もちろん、個人が独学で学ぶツールも発展していくことでしょう。新聞を読んだり、読書をしたり、体験活動をしたりなど、豊かな感性のみならず、新しい大学入試に対応した日々の子どもの生活における様々な活動で、親が支援できることは多いと思います。

ただし、新しい入試形態が、お金や時間に余裕がある富裕層に有利になっていく懸念は消えません。お金がなくて高校生本人がアルバイトをしていたり、親にお金がなくて塾に行けない場合、学力一発試験の現在よりも、有名大学の門が低所得者には狭くなってしまう改革になる可能性は、残念ながら否定できません。各家庭が、こうした変化にどう挑んでいくのかも厳しく問われるようになるでしょう。こうした入試改革を批判した本を偉い教育学者が書くでしょうが、批判を読んでもお子さんは合格しません。

私たちにできるのは、状況の変化に応じた対策あるのみです。まさに、幕末や戦国時代のような、状況の変化に対応できる者が生き残るのです。

†大学テストのキーワードは思考力・判断力・表現力

平成36年度からの「大学テスト」は、次期学習指導要領に従い、思考力・判断力・表現力を重視したものになります。たとえば地理歴史、公民は、歴史系科目なら、歴史的思考力を含め、思考力・判断力・表現力を判定する問題が出ます。「歴史総合（仮称）」と、世界史及び日本史に関する選択科目で構成されることが公表されています。

「数理探求（仮称）」も同様で、失敗を繰り返し試行錯誤しながら探究を深めていく科目であること、探究の成果は、成果物の学術研究の質の高さではなく、高校教育における学習の質の高さを求めること、高度な知識の習得を求めるのではなく、新たな価値の創造に向かって探求していく基盤的な能力をはぐくむ科目であることを考慮した出題となります。

従来からの数学、理科も、知識・技能に関する判定機能に加え、たとえば、事象の数理的側面などに着目して数学的な問題を見いだす力、目的に応じて数・式、図、表、グラフなどを活用し、一定の手順に従って数学的に処理する力など、思考力・判断力・表現力を判定するものになります。

国語は、従来からの知識・技能の判定に加え、たとえば、言語を手がかりとしながら、与えられた情報を多角的な視点から解釈して自分の考えを形成し、目的や場面に応じた文章を書くことで、思考力・判断力・表現力を判定します。

英語は、「読む、聞く、書く、話す」の4技能について、たとえば、情報を的確に理解し、語彙や文法の使い方を適切に判断し活用しながら、自分の意見や考えを適切に相手に伝えるための思考力・判断力・表現力を評価します。また英語については、各種外部民間試験の活用も検討されています。現在でも、多くの大学で導入されつつあり、外部民間英語試験で一定の点数を取れば、英語試験を免除したり、英語は満点扱いにするなどの動きはすでに起きています。「情報」についても、次期学習指導要領を検討する中央教育審議会と連動し、適切な出題科目を設定することが検討されています。

平成32〜35年度の移行期は、現行の学習指導要領下で進められます。地理歴史、公民は、知識・技能の判定に加え、歴史的思考力に関する判定機能を強化します。単なる暗記による知識の量は問わない出題となります。数学、理科も同様に、事象の中から本質的な情報を見いだし、構造化し、解決する力など、思考力・判断力・表現力を判定します。国語や英語も同様です。36年から劇的に変わるのではなく、すでに32年から少しずつ出題傾向は新しいものに変わっていくこととなります。

「大学テスト」は、センター試験と同じマークシート式問題です。ただし、思考力・判断力を一層重視した作問となります。すなわち、

・問題に取り組むプロセスにも解答者の判断を要する部分が含まれるよう工夫すること。
・複数のテキストや資料を掲示し、必要な情報を組み合わせ思考・判断させること。
・分野の異なる複数の文章の深い内容を比較検討させること。
・学んだ内容を日常生活と結びつけて考えさせること。
・他の教科・科目や社会との関わりを意識した内容を取り入れること。
・正解が一つに限らない問題とすること。
・選択式でありながら複数の段階にわたる判断を要する問題とすること。
・正解を選択肢の中から選ばせるのではなく必要な数値や記号等をマークさせること。

・問題を、主として知識・技能を中心に評価する問題と、主として思考力・判断力を中心に評価する問題とに分けて設定し、各大学において得点比重を判断できるようにするなどの方策についても検討する。

・結果の表示は、従来の合計点方式のみでは得られない、よりきめ細かい評価情報により、個別大学の入学者選抜における多面的・総合的な評価を促進するため、多様な情報を各大学に提供する（たとえば、素点だけではなく、各科目の領域ごと、問ごとの解答状況も合わせて提供するなど）。

などが検討されています。マークシートなのに正解が一つに限らない問題を出すのは、受検生が混乱すると思いますので、すべてがこのとおりになるとはとても思えないのですが、国の意気込みは感じられますね。

†受検者や大学の負担が増える

そして、改革の目玉は「記述式問題」です。複数の情報を統合し構造化して新しい考えをまとめる思考・判断の能力や、その過程を表現する能力を評価するために、記述式問題の導入が検討されています。「大学テスト」への記述式問題導入により、高校教育で習得・活用・探究の学習過程における言語活動等の充実が促され、生徒の能動的な学習をより重視した授業への改善が進むことが期待されています。

この記述式問題は、現在の国立大学の二次試験のような、解答の自由度の高い記述式ではなく、設問で一定の条件を設定し、それを踏まえて結論や結論に至るプロセス等を解答させる「条件付記述式」を中心に作問します。作問・採点・実施方法などについて課題が多いためで、56万人が長文で記述したものを誰が採点するのかという問題を考えるとき、おのずと、記述式といっても限定された内容にならざるを得ないでしょう。

対象教科は、当面、高校で共通必履修科目に設定されている「国語」「数学」とし、なかでも記述式導入の意義が大きいと考えられる「国語」を優先させます。平成32年度から35年度の現行学習指導要領の下では短文記述式の問題を導入、平成36年度以降はより文字数の多い記述式の問題を導入します。

記述式問題を導入するメリットとして、「最終報告」では、

・解答を選択肢の中から選ぶのではなく、自らの力で考え出すことにより、より主体的な思考力・判断力の発揮が期待できる。

・文や文章を書いたり、式やグラフ等を描いたりすることを通じて思考のプロセスがより自覚

的なものとなることにより、より論理的な思考力・表現力の発揮が期待できる。
・記述により自らまとめた新しい考えを表現させることにより、思考力や表現力の発揮が期待できる。特に文や文章の作成に当たって、目的に応じて適切な表現様式を用いるなど、表現力の発揮が期待できる。

としています。大変な期待です。現在の高等学校学習指導要領では、「言語活動」の例として、国語科では討論、解説、創作、批評、編集など、数学科では「自らの考えを数学的に表現し根拠を明らかにして説明したり、議論したりする」といった数学的な活動を重視しており、せっかく高校までの教育でこうした活動を重視しても、大学入試問題が知識、暗記重視だった現状を、大きく変えるものになるでしょう。記述式問題の各年度における実施時期については、高校教育への影響や受検者や大学側の負担などを考え、今後検討するとされており、マークシート式問題と同日にするか別の日にするかなども今後の検討課題とされています。

英語の4技能の試験については、民間の資格・検定試験の活用に加え、「話す」については電子機器による音声吹込み試験も検討されています。ただし平成32年度からいきなり実施されるかどうかはまだ検討中としています。英語の4技能を評価する問題の実施時期についても、マークシート式問題と別の日に、記述式問題と同日、同会場とすることも検討されていますが、場合によっては、英語は2日間にわたる試験となり、受検者本人の負担は重くなる可能性があります。これは英語だけではなく試験全体ですが、CBT、すなわちコンピュータを用いた試験にすることも、平成36年度をめどに予定されており、32〜35年度はCBTの試行期間としています。

もともと、高大接続システム改革答申では、年1回、1月のみのセンター試験を、年複数回受験にすることや、1点刻みの評価の枠組みの改革も検討されていました。このうち、教科の知識に偏重した1点刻みの評価については、これまでのテストよりも、学力を多面的・総合的に評価できるため、大きく改善されたと「最終報告」は言います。ただし、年複数回の実施は、課題が多いため、引き続き検討が必要としており、現在のセンター試験に代わる大学テストが、数年後に年に何回も行われるという改革は、現時点では高校、大学、受検者本人それぞれの負担が大きいため、すぐには実現しないようです。「思考力・判断力・表現力を採点する」というのは、それだけ骨が折れる仕事なのでしょう。

†高大接続システム改革の進行予定

「高大接続システム改革」は、高校教育、大学入学者選抜、大学教育の3つを一体的に改革するものです。

まず「高校テスト」は、検討結果を踏まえ、平成31年度（２０１９年度）からの試行実施に向け、平成29年度（２０１７年度）初頭には実施時期、対象教科・科目の出題内容や範囲、記述式及び英語の実施方法と実施時期、プレテストの実施内容、正式実施までのスケジュール等が公表されます。

そして平成30年（２０１８年度）初頭をめどに、より具体的な実施内容を示す「実施大綱」が公表されます。「大学テスト」も、平成32年度（２０２０年度）からの実施に向け、平成29年度初頭に新テストの実施方針（対象教科・科目の出題内容や範囲、記述式及び英語の実施方法と実施時期、プレテストの実施内容、正式実施までのスケジュールなど）が公表され、平成31年度初頭をめどに、より具体的な実施内容を示す「実施大綱」が公表されます。

これら「高校テスト」「大学テスト」はいずれも、現在の大学入試センターを改組した新しいセンターが実施主体となる予定です。

†最終答申の大学批判と、変われない大学

高校教育と大学入試が変わる一方で、大学入学後の教育はどう変わるのでしょうか？「最

終報告」では、現在の、知識偏重の一般入試も、学力軽視のＡＯ・推薦入試も批判しています。そして、各大学に「卒業認定・学位授与の方針」「教育課程編成・実施の方針」「入学者受け入れ方針」の「三つの方針」を策定し、公表することを法令で義務付けることとしています。今後、各大学は、自ら定めたこの三つの方針に従い、教育課程や入学者選抜をより充実したものにすることが国から強く求められます。

最終報告の提言の中には、様々な大学教育改革の取り組みが提案されており、その中には、私が長年、大学を専門としたジャーナリストとして訴え続けてきた、大人数の一方的な授業ではない、少人数のチームワークによる質の高い教育、学生が相互に切磋琢磨できる環境、学生に対するアサインメント（課題）の要求を増やし、学生を米国名門大学のように厳しく鍛え上げること、そのための教員、職員の資質向上の努力などが触れられています。これに関して私は日本中の大学を取材し、果てしなく本を書いてきました。ああ、でもっ！

今回の提言が、日本の大学教育の内容を劇的に改善するかは、筆者は疑問です。なぜなら、今まで日本の大学の多くが、学生をしっかり教育しなくても、なんとなく卒業させてしまっていたのは、そして、これからも大きくは変わらないのは（!!）、雇用の問題に起因するからです。

企業の雇用形態が、多くが終身雇用、年功序列である限り、企業は大学教育の中身ではなく、大学名のブランド、偏差値、受験までにどれだけ努力をしてきているか、基礎学力が高いかといったことを重視し、大学の専門性や、大学に入ってからどう本人が学び、成長したのかは、大きくは問いません。

高校も大学も偏差値で、学力によって輪切りにされている以上、偏差値の低い大学の学生より、高い大学の学生の方が、就職の際に企業から評価され、優秀であると判断されるのは、普遍の真理だからです。高校教育、大学受験、大学教育を改革しても、その先の就職の仕組みが変わらないのです。20年以上日本のすべての大学を訪問し、優れた大学教育や、偏差値が低くても良い教育を行う大学、無名な大学からも努力して一流企業に入った学生を、数えきれないほど取材してきた私が到達した、偽らざる結論です。

「大学名や偏差値で就職が決まるのは、正しい」

なぜこうなったのかは、第2章で詳細に説明したいと思います。

大きな社会変化と高校や大学の学び　本間正人

2006年4月から2007年3月生まれまでの、現・小学4年生が、制度改革の主役だと聞いて、安心した方もいるでしょう。また「何だ、大騒ぎしていたけど、うちの子には関係なかったのか」と思った方もいらっしゃるでしょう。しかし、試験制度改革の背景にある社会のトレンドは、あらゆる世代の人にとって「我《わ》が事《こと》」として考えるべきものです。ですので、山内氏の指摘は、誰にとっても「他人事《ひとごと》」ではありません。

†2つのテストへの移行

これまでのセンター試験を「高校テスト」と「大学テスト」に分けるのは、大筋で良い方向だと私は考えています。特に「記述式問題の導入」は望ましいことだと思っています。ただし、採点の手間、人員の確保、など解決しなければならない課題は山積みで、間に合うかどうかは微妙なところでしょう。想定外の答えを書いてくる生徒の解答を許容する教員の人間の幅が求められます。しかし、一人一人の採点者が、短時間に膨大な量の答案を読むことになるのは間違いなく、そこまでの心の余裕があるのか、ちょっと心配です。

また、高校テストの問題が難しすぎると、高校に3年間通ったけれど、卒業できない、という生徒が増えすぎるでしょう。逆に易しすぎると「優秀な」中学生（ひょっとすると小学生）にとっては高校での授業が意味を持たなくなります。また、高校テストのスコアが至上命題になった時に、偏差値のあまり高くない高校の教育内容が試験対策に明け暮れ、教室での一斉授業になじめない生徒の中退率を増やす懸念もあります。

†ペーパーテストありきの発想

私が感じる最も大きな問題は、ここで議論されている改革の根本的な着眼点です。つまり、「教育改革＝試験改革」という議論の軸足に、違和感を覚えます。「試験準備のために教育がある」という発想が中教審委員の中に根強く残っている「癖」を感じるのです。そして、「試験」という言葉を聞いた時に、多くの委員の先生方の脳裏に描かれたのは、ペーパーテストだったのではないでしょうか？

正解が一つに決まっているという前提、あらかじめ用意された正解を短時間のうちに見つける能力が社会の中で最も重視され、役に立つ能力であるという前提は、大きく崩れているのではないでしょうか。大学の入学試験を人工知能（AI）が受けたら、トップで合格する日は近いはず。ひょっとしたら、英語圏の標準テストであれば、すでに人工知能（AI）の実力は最優等の学生を上回っている可能性があります。

2016年3月に、グーグル社傘下の英国ベンチャー企業ディープマインド社が開発したAI囲碁ソフト「アルファ碁」が、世界チャンピオンの韓国人プロ棋士イ・セドル九段に4勝1敗と大きく勝ち越しました。アルファ碁には、コンピュータが自ら学習する「深層学習《ディープ・ラーニング》」と呼ばれる新しい技術が導入されており、最先端のAIが急速に進化していることを世界に示しました。将棋の世界でも、おそらく数年のうちに、AIが人間を凌駕すると予想しています。

こうした事態を思うとき、われわれ人類が目指すべき人間の能力開発は、AIに負けない分野、AIがカバーできない分野にシフトしていくべきではないでしょうか？

それは、知識や技能を応用する力、新しい選択肢を生みだす力、人間関係を構築する力、視点を変える力、全体と部分との関係を認識する力などになるでしょう。こうした能力は、体験型学び、すなわちアクティブラーニングでこそ、磨くことのできる領域だろうと思います。

ペーパーテストありきの発想ではなく、人間にとっての学びは、五感を駆使し、感情を効果的に活用し、様々な体験を経て、一人一人がふりかえるところに真骨頂があると考えます。その評価は、ペーパーテストにはなじみません。

近年、アクティブラーニングが「表面的に」導入されようとしていますが、本末転倒になるのではないか、という危機感を覚えずにはいられません。真のアクティブラーニングとは、「人間が本来、アクティブ・ラーナーだったことに気づく」のが目的だと私は考えます。ディベートやロールプレイなどの種目を形式的に取り入れたとしても、教師や生徒が「やらされ感覚」でやるのであれば、ほとんど意味がないと考えるからです。

†日本の雇用慣習も変わらざるを得ない

大学に勤務していると、学生の就職率をいかに高めていくか、ということが大きな関心事になります。それは、一人一人の学生が幸せな人生を歩んでいけるように、長所を活かし、社会で求められる教育活動を通じてサポートするのが、教師の役割だからです。私も、京都造形芸術大学で担当している授業の中で、社会の最先端の動きを伝え、学生に自分なりの考えをまとめ、クラスメートと話し合い、聴き合い、発表してもらう機会を増やしています。そうした地道な活動の積み重ねが進路決定率の向上につながるからです。

ただし、これまでの常識だった「新卒定期採用」という仕組みがいつまでも続くと考えない方が良いと私は考えています。政府もその見直しを始めています。

「新卒定期採用」は、メーカー、特に大企業が、数百人の新入社員を同時に採用し、その会社の生産活動に特化した教育を行ない、組織の歯車として配属する状況では、きわめて合理的なシステムだったと思います。もちろん、最初に入った会社に生涯勤め続ける、終身雇用制度が前提でした。

しかしながら、終身雇用制度、年功序列の賃金制度は崩壊し、労働力の流動性も高まり続けています。これから高校・大学を卒業した生徒・学生は、一つの会社にとどまることなく、生涯の間にいくつかの企業を移動するのが当たり前の社会になっていきます。これは間違いありません。社会の変化が、会社の寿命を短くし、求められる職能を大きく変え続けていくからです。

また、社内教育の面から考えても、採用数が年間数名の会社であれば、大規模な一斉新人研修を行なう意味がありません。かつて、行なわれていたマナー研修的な新人研修は、すでに多くの大学・専門学校のカリキュラムの一部となっています。

また、同じ仕事をしている人が社内にほとんどいない組織が増えていて、導入研修も特定の仕事の文脈に合わせて仕込む必要があります。となれば、「新人研修」はティーチングから、個々の職場におけるコーチングへとシフトしていかざるを得ないのです。

また、大規模なメーカーが世界的競争力を維持するためには、ＡＩを備えたロボットの導入が不可欠で、工場は無人化していきます。「一流のメーカー」ほど、少ない人材で仕事を回す仕組みになっていくのです。したがって、社会における雇用吸収力の柱は、クリエイティブなスタートアップ企業に移行していくはずです。ビジネススクールでは、起業家育成のコースも散見されますが、今後は、大学や高校、専門学校でも、自ら起業するという道を応援することが大切です。「優秀な雇われる人」も大事ですが、「雇う人」を増やすことが、社会の活力になるはずです。

もちろん、介護福祉や飲食物販などのサービス業も多くの雇用を生みだしていきますが、全般的に非正規雇用の比率が高く、賃金水準もアジア諸国の労働者と横並びになっていくでしょう。

雇用慣習がどのように変わったとしても、一生涯を通じて学び続け、社会の変化に対応し、自らの特質を発揮できる人材になっていくことこそが求められます。

第2章 偏差値で人生が決まる——身も蓋もない学歴論

慶應義塾の創設者、福澤諭吉は、その著書『学問のすゝめ』の冒頭で、「天は人の上に人を造らず人の下に人を造らず」と語っています。明治5年に出たこの本は、当時3000万部以上売れたとも言われ、当時の日本の人口約3000万人の10人に1人は買った大ベストセラーでした。本書は近現代の日本人の教育観の根本を形づくり、今も私たちに影響を与え続けています。ところで、この冒頭の文章には続きがあります。

「されども今広くこの人間世界を見渡すに、かしこき人あり、おろかなる人あり、貧しきもあり、富めるもあり、(中略)賢人と愚人との別は、学ぶと学ばざるとに由って出来《いでく》るものなり」

人間は生まれながらに平等ですが、どうして賢い人とそうでない人、貧しい人と豊かな人がいるのか。それは、「学ぶか学ばないか」の差であると福澤は言います。

「また世の中にむつかしき仕事もあり、やすき仕事もあり。そのむつかしき仕事をする者を身分重き人と名づけ、やすき仕事をする者を身分軽き人という。すべて心を用い心配する仕事はむつかしくして、手足を用いる力役《りきえき》はやすし。故に、医者、学者、政府の役人、または大なる商売をする町人、夥多《あまた》の奉公人を召使う大百姓などは、身分重くして貴き者というべし」

医者、学者、公務員、大企業の経営者などは、身分が高く、給料が高い。一方で、簡単な仕事を、自らの肉体を労働力として働く人々は、その逆である。これは、現代にもあてはまるのです。

本書は、すべての子どもたちが、能動的に学び、自分の幸福をつかんでほしいと願って書いています。でも、福澤諭吉の時代でも現代でも、「学ぶか学ばないか」で人生に大きな差がつくのは事実です。誰もが東大を出て医者や官僚になれるわけでもないのに、どうして、有名大学を目指して小学生の時から塾に通い、名門中高を目指すのか。もちろん例外もあるとはいえ、そこには、明治時代から変わらぬ、「学問による立身出世」が私たちに浸透しつくしているからです。東大や大学進学を否定し、個人の能力で成功できる人は、本当に一握りです。

「大学名や偏差値で就職が決まるのは、正しい」。第2章では、2016年各大学のホームページや大学案内に公表されたデータを基に、身も蓋もない、この真実に迫ります。

†東大生はどこに就職しているのか

世の中には、東大合格のための本があふれています。勉強法、親の教育法、高校の授業など、様々な努力で東大に合格すること自体は素晴らしいです。しかし、東大入学後の教育や、卒業後の進路が論じられることは、ほとんどありません。東大合格を人生のゴールのように描くことは、「お姫様が王子様と結ばれて幸せに暮らしました。めでたしめでたし」と同じです。その後、王子様はDV夫になるかもしれません、浮気をするかもしれません、地位や名誉を失うかもしれません。子どもの保育園が見つからないかもしれません、親の介護で疲弊するかもしれません。

まあ、東大生は「身分重くして貴き者」ですから、ほとんどの人は社会的成功者になる可能性が高いですが、まずは東大から、徐々に偏差値を下げて、様々な大学の卒業後の進路を比べてみましょう。すると、福澤諭吉の指摘が現代の日本社会でも息づいていることが、如実にわかります。

東大の大学案内によれば、卒業生のうち文系学部は多くが就職します。理系学部では、大多数が大学院に進学します。医学部医学科の学生は臨床研修医として医療現場に入ります。

まずは文系の法学部です。官僚の登竜門のように思われがちですが、一番多いのは実は大学院進学で、29・6％にのぼります。法科大学院を出て弁護士や裁判官、検察官を目指したり、東京大学の大学院法学政治学研究科の修士課程などに進学して研究者を目指す人もいます。東大法学部は卒業生の3割近くが、大学生活が4年で終わりません。

公務員になるのは、399人中76人、19％に過ぎません。もちろん、大学院を出てから公務員になる人も多いでしょうが、意外と東大法学部＝官僚ではないことがわかります。次に多いのが金融・保険業界で13・5％です。法律の知識のある人材を、銀行や証券会社、保険業界は切望していることがわかります。大学院進学、公務員、金融業が、東大法学部の卒業後の進路の三本柱です。

経済学部はどうでしょう。29・3％が金融・保険業で最大勢力です。銀行などにとって、喉から手が出るほど欲しい人材であることがわかります。11％が卸売・小売業、8・5％が公務員です。意外と公務員が少ないですね。8・8％が大学院に進学してさらに勉強に励み、情報通信業や製造業なども多くなっています。一般的な企業における、最高のエリート人材として、活躍の場が多彩な業界に広がっています。

文学部は、21％が大学院進学で最大勢力。文学や歴史や哲学や心理学などをもっと勉強したい、純粋な意味で勉強好き、自分の好きな事がはっきりしている学生が多いことがわかります。就職の出口がはっきりしている法学部の大学院進学とは、性質が違うように見えます。以下、製造業、情報通信業、金融・保険業、公務員などが多く、文学部だから就職が悪いとか、業界で差別されるという感じは見受けられません。

教育学部は、大学院進学が最大で29％、次に多いのが教育・学習支援業に17・8％、以下、公務員や金融・保険業が続きます。東大の教育学部は、小学校教員免許が取得できないなど、多くの大学のような教員養成を目的とした学部ではなく、教育学そのものを学問として研究する学部です。大学院に進学したり、教育関係の企業に行って、日本の教育界のリーダーになっている学部です。

教養学部（後期課程）は、52・6％が大学院に進学しています。教養学部の専門課程は理学部や農学部に似た自然科学系の分野がかなり多く、実質的には理工系学部のようになっていますので、大学院に半数が行くのは納得です。就職は公務員と金融業が多くなっています。

理系はどうでしょう。工学部は実に81％が大学院に進学し、もはや進学が普通です。理学部も91％、薬学部は98・5％と、ほとんど全員が大学院進学と言えるほどです。東大クラスになると理系はほぼ大学院まで行くのが当たり前というのは、「お受験」の世界ではあまり語られていない話で、まさに「入学してめでたしめでたし」ではなく、研究者として自らを高めていく長い道のりの始まりが大学入学であることがわかります。

農学部の就職組は公務員と金融が多くなっています。また農学部の獣医学課程は、獣医師として学術研究・専門・技術サービス業や、公務員、製造業などに進み、大学院進学者は3名と少なくなっています。薬学部も6年制は薬剤師の免許を持って製造業、医療福祉関係に行く他、大学院進学などをしていますが、東大では薬学部は4年制の学生がほとんど（72名）で、6年制はわずか8人だけです。看護などを学ぶ医学部健康総合科学科は、大学院進学が最も多く、以下、医療、福祉や金融業などに進んでいます。

というわけで、東大生の就職を語るには、大学院修了後の進路まで触れないといけません。幸い、詳細なデータが公開されています。大学院人文社会系研究科は修士課程修了者の59・4％が博士課程に進学、26・7％が就職し、公務員や情報通信業、教育・学習支援業、製造業などに就きます。

博士課程修了者117人中60人が満期退学で、博士号を取得していません。文学系で博士号を取得することの難しさがわかると同時に、22歳ぐらいで大学を4年で出て就職すれば就職は引く手あまたなのですが、20代後半で博士課程を修了あるいは満期退学した後に、どんな就職先があるのか、ちょっと心配になります。就職者54名は教育・学習支援業や学術研究・専門・技術サービス業に就いており、教育・研究関係の研究職にありつけたようですが、その他が同数の54名もいます。さらなる進学者も9名おり、文系で博士まで行くと、社会から遊離する可能性が数字になって表れています。これでは親が不安になるのも仕方がないかもしれません。まさに、東大に入ったシンデレラのその後が必ずしも幸せかどうかは、なんとも言えず、「高学歴ワーキングプア」になる可能性があります。

教育学研究科はどうでしょう。修士課程を終えると半数が進学、半数が就職となっており、教育・学習支援業や学術研究・専門・技術サービス業、公務員などになっている一方で、博士課程は44人中30人が満期退学。就職者2人にその他42人と、教育学の博士課程を終えると、ほとんど一般的な就職をしていません。この42人はどこに消えたのでしょうか。皆が皆、無職やフリーターになってはいないと信じたいところですが、教育学者になった様子もなく、心配なところです。

法学政治学研究科はどうでしょう。専門職大学院を終えると180人中169人がその他ですが、2015年度は149人が新司法試験に最終合格していますから、ほとんどは法曹への道に進んでいると予想できます。就職も9人います。純粋に学問を究めて研究者になる修士課程、博士課程の在籍者は少なく、おおむね進路は決まっていきます。

経済学研究科は、修士課程を終えた時点で52・5％が就職し、金融・保険業界などに就職していきますので、大学院進学は不利にはなりません。博士課程後の就職者も他の文系大学院よりは多くなっています。

理系の総合文化、理学系、工学系、農学生命科学などは、修士、博士それぞれで、修了後は就職できている数字が文系よりもかなり良く、大学院進学が不利ではないことがわかります。ただし、総合文化と工学系、農学生命科学の博士課程は、満期退学者や就職の「その他」がかなり多く、研究者への道の険しさがわかります。このほかに東大は独立大学院をいくつも持っていたり、医療系大学院の進路も公開されています。

このように、東大に入ることは確かに「シンデレラのゴール」ではありますが、その後は人生、悲喜こもごもであることは、受験の段階から知識として知っておいてもいいでしょう。受験の頂点の、これがウソ偽りのない実態です。だから、東大に入ることを人生のゴールにせず、東大で何を、どう学ぶか、それを、どう生かすかを、子どものうちから、親子で考えておくと良いと思います。多くの東大卒が社会のリーダーとなっていく一方で、少なくない人間が、

「こんなはずでは」「夢がかなえられなかった」と言って東大を去る面もあるのです。

†慶應義塾大学の就職先

福澤諭吉の慶應義塾は、見事に、「身分重くして貴き者」の大学になりました。慶應の就職の特徴は、圧倒的に「金融・保険業大好き」であることです。大学案内によれば、就職者の1位はみずほフィナンシャルグループで152人、2位は三菱東京UFJ銀行で114人、3位は三井住友銀行で88人、4位は東京海上日動火災保険で78人が就職しています。理系やSFC、医学部も含めた大学全体で、実に25・1%が金融・保険業に進みます。金融・保険業界就職率は、文学部24・2%、経済学部37・5%、法学部31・0%、商学部31・6%、理工学部（学部卒）25・7%、SFCも総合政策学部19・7%、環境情報学部16・0%となっています。

文学部では以下、情報通信業18・2%、サービス業16・6%、製造業12・7%などが続きます。非常に手堅く、社会の中枢の企業に多数が就職しています。

経済学部では、実に4割近くが金融・保険業に進み、以下、製造業16・4%、サービス業13・2%、情報通信業12・6%などが主力です。就職先の企業名も、金融と、名だたる大手企業ばかりです。

法学部も、東大のように官僚にならず、公務員は7・1％しかいません。製造業18・5％、情報通信業11・8％、サービス業10・8％が多くなっています。ただし、法学部は140名も進学していますので、法科大学院で法曹を目指す学生は多いです。

商学部も、金融・保険業が筆頭で、製造業、情報通信業、サービス業などが続きます。

理工学部は東大同様に大学院進学者が多く、就職者214名に対し、大学院修士課程には742名も進学します。ただし、慶應の理工学研究科修士課程から博士課程への進学者は53名と激減します。理工学部卒は金融・保険業25・7％以上に情報通信業が多く27・6％、製造業21・5％と、金融・保険、情報通信、製造業でほとんどを占めます。修士課程修了者は57・3％が製造業、17・4％が情報通信業に就職し、理工系の高い専門性を生かした職業に就きます。

SFCの総合政策学部は、情報通信業が22・0％で最多。以下、金融・保険業19・7％、サービス業17・6％、製造業14・5％、卸売・小売業10・4％と続きます。環境情報学部は情報通信業が30・1％、サービス業17・6％、製造業17・3％、金融・保険業16・0％などとなっています。医学部と看護医療学部は省略し、薬学部では38・1％が製造業、医療、福祉が27・6％、卸売・小売業が17・9％で、以上でほとんどを占めています（慶應が公開している就職データは、東大と違い「その他」を含みません）。

卒業生の進路（2015年3月卒）

慶應義塾大学（合計）

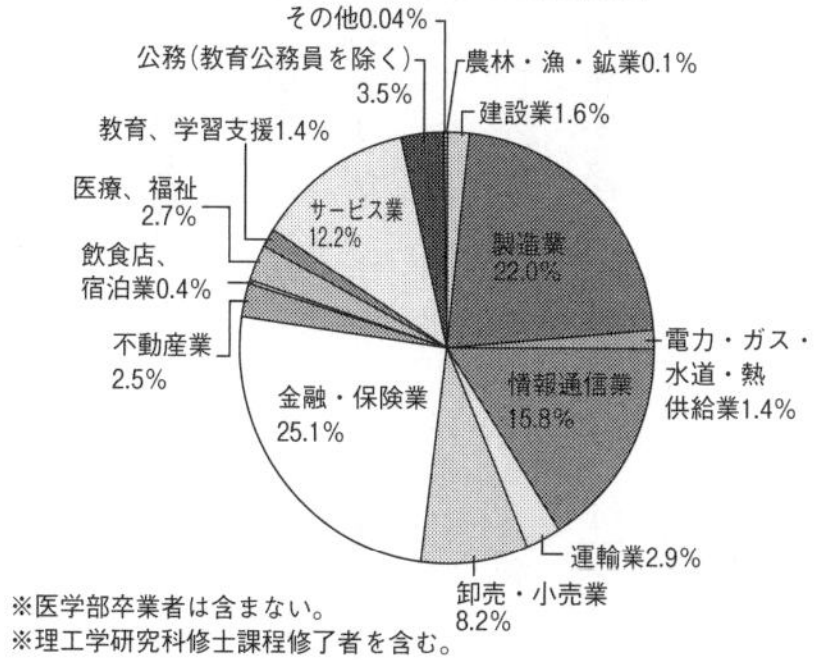

※医学部卒業者は含まない。
※理工学研究科修士課程修了者を含む。

早稲田大学（合計）

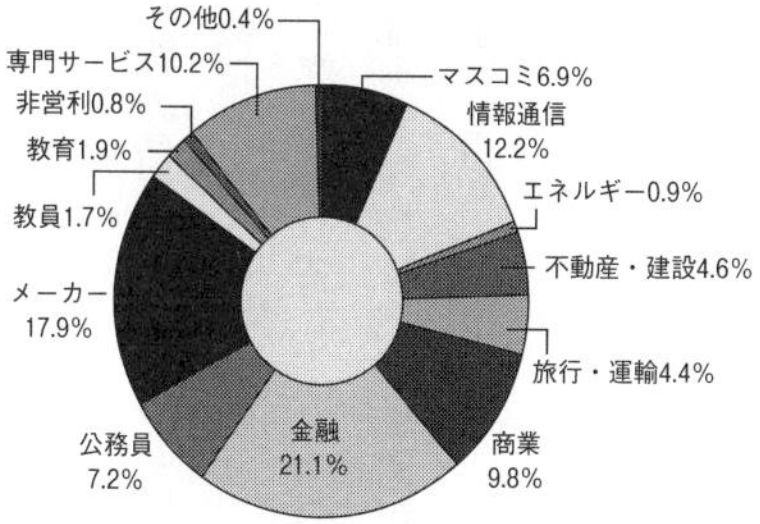

上智大学合計（学部・大学院）

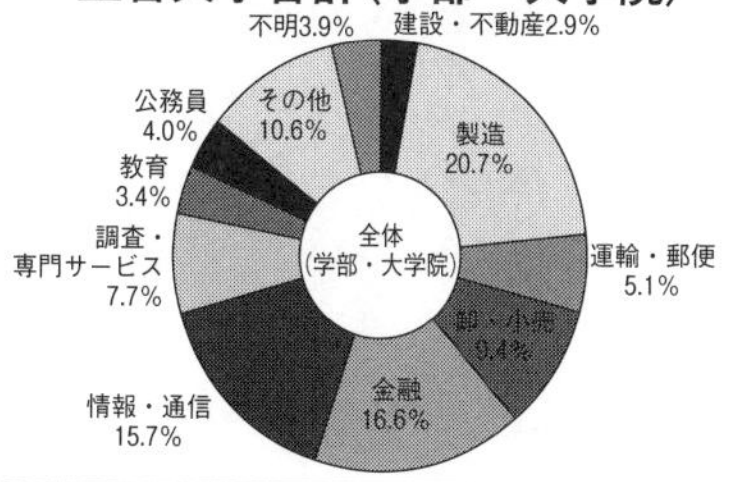

このように、慶應は、金融・保険業界を筆頭に、製造業、情報通信業といった産業に多く就職しています。大企業が多く、手堅く、安定した就職のイメージは、多くの一般の人のイメージや期待を裏切らないものがあります。

†早稲田大学の就職先

官僚の東大、実業界の慶應に対し、「在野の精神」を持つ早稲田大学は、マスコミに強いとも言われますが、実際の大学案内掲載の就職データを見る限り、慶應と同じく、金融業界が多くを占めています。理工系やスポーツ系学部を含めても、全体の21・1%が金融業界と、最も多くなっており、就職者数ランキングも慶應と同様に、金融業が多く並びます。

看板の政治経済学部では、28・3%が金融業界、以下、メーカー20・0%、情報通信、専門サービス、商業などが続き、公務員は7・3%。マスコミが6・8%と高いのはさすが早稲田です。法学部は公務員が19・2%と高いですが、それよりも金融22・9%が高く、メーカー15・2%などが続きます。教育学部も19・8%が金融、商学部は28・4%、社会科学部は22・4%です。いずれも、メーカーの比率が高く、文系で日本を代表するメーカーに就職したい場合、早稲田大学が有利なことがわかります。

特徴的なのは、すべての授業が英語で、1年間の留学が必修の国際教養学部です。メーカー19・7%が最も多くなっています。秋田の国際教養大学も製造業就職が50%近いのですが、このことから、英語力に長けたグローバル人材は製造業から切望されていることがわかります。もちろん、金融も16・6%と多くなっています。

文学部系の文化構想学部も17・2%がメーカーで最も多く、以下、金融16・3%、情報通信13・9%、商業11・6%、マスコミ10・6%などと続きます。文学部も金融が最も高く15・5%で、以下、情報通信、メーカー、専門サービス、商業、マスコミなどが続きます。

理工系はどうでしょう。早稲田は学問領域で理工学部を3つに分けていますので、基幹理工学部は情報通信、創造理工学部は不動産・建設、先進理工学部はメーカーが最も多くなっています。もっとも、理系は学科単位で行く業界がだいたい決まりますし、早稲田も大学院進学者の方が多くなっており、理工3学部で70・8%が大学院に進学しています。

所沢キャンパスの人間科学部は金融が多く21・4%で、以下メーカー、専門サービス、商業、情報通信が続きます。スポーツ科学部はメーカーが21・6%と多く、金融にも18・5%が就職します。

このように、早稲田大学を見る限り、優秀な文系学生は、金融業や製造業に就職することがよくわかります。

偏差値と就職実績の相関関係

ここからは、文系で「身分重くして貴き者」の代表である、公務員、金融、製造業などに強い、法学部と経済学部、経営学部などに焦点を当てて、他の大学を見ていきましょう。

上智大学法学部は、金融業26・0%、製造業18・5%、情報・通信11・9%が多く、公務員は8・8%と法学部にしては少なめです。経済学部は金融22・3%、情報・通信19・1%、製造16・3%が多くなっています。

早慶上智に次ぐ難関私大群であるMARCH(明治、青山学院、立教、中央、法政)の各大学を見ていきましょう。まず明治大学です。法学部では金融・保険業19・0%、公務員17・5%、製造業13・4%、情報通信業11・8%の順です。政治経済学部は金融・保険業が22・0%で最も多く、以下、情報通信業12・5%、卸小売業12・5%、製造業12・3%となっており、公務員は8・5%です。商学部は金融・保険業が20・0%で最多。以下、製造業17・9%、卸小売業14・6%、情報通信業11・1%、公務員4・1%などとなっています。経営学部は金融・保険業が22・9%、製造業と卸小売業が15・1%で同じ、情報通信業13・0%が続き、公

卒業生の進路（2015年3月卒）

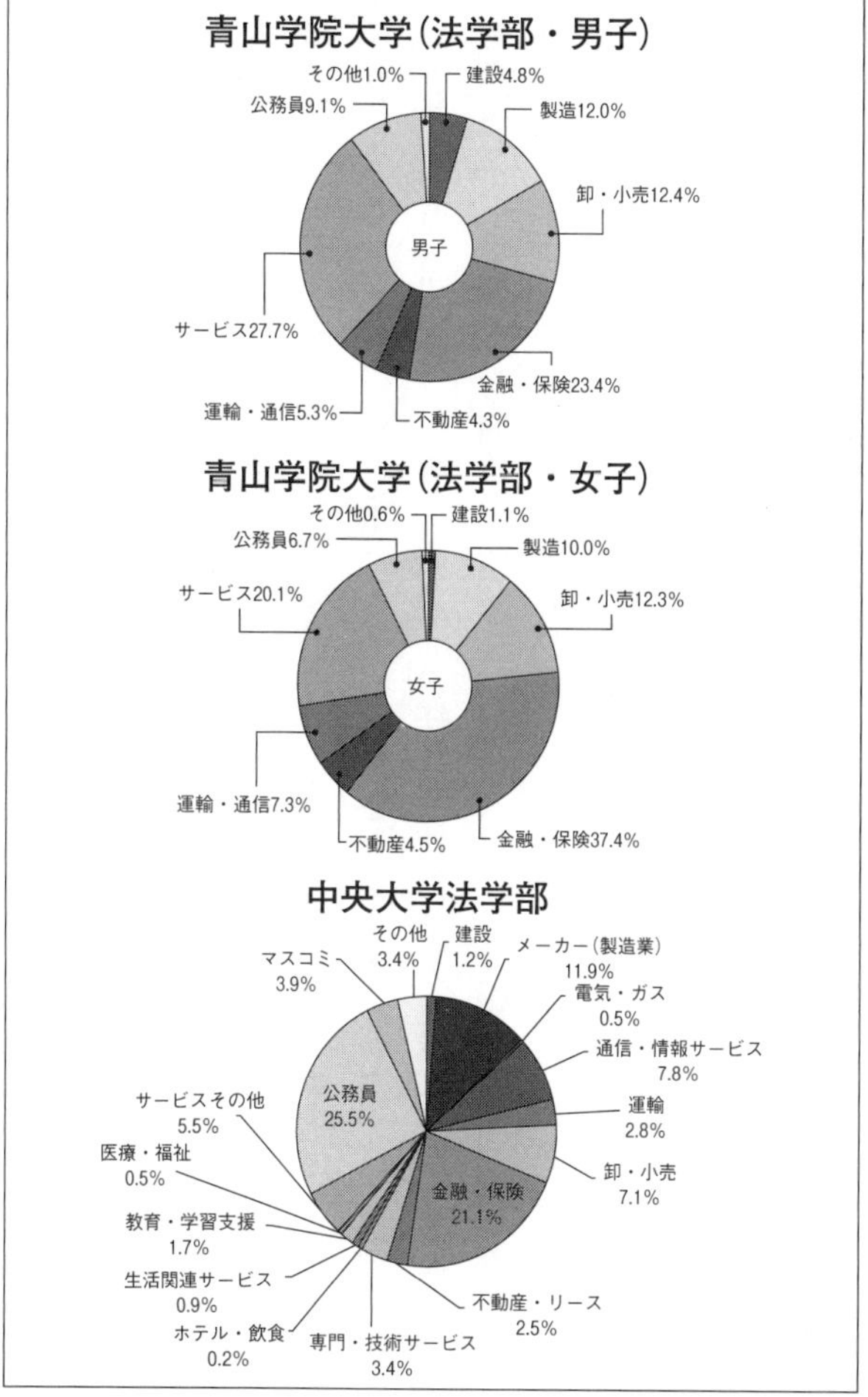
青山学院大学（法学部・男子）
男子
その他1.0%
建設4.8%
公務員9.1%
製造12.0%
卸・小売12.4%
サービス27.7%
金融・保険23.4%
運輸・通信5.3%
不動産4.3%
青山学院大学（法学部・女子）
女子
その他0.6%
建設1.1%
公務員6.7%
製造10.0%
サービス20.1%
卸・小売12.3%
運輸・通信7.3%
不動産4.5%
金融・保険37.4%
中央大学法学部
その他
3.4%
建設
1.2%
メーカー（製造業）
11.9%
マスコミ
3.9%
電気・ガス
0.5%
通信・情報サービス
7.8%
公務員
25.5%
運輸
2.8%
サービスその他
5.5%
医療・福祉
0.5%
卸・小売
7.1%
金融・保険
21.1%
教育・学習支援
1.7%
生活関連サービス
0.9%
不動産・リース
2.5%
ホテル・飲食
0.2%
専門・技術サービス
3.4%

務員は5・6%です。

　青山学院大学は、男女別に公開しているので、より顕著に特徴がわかります。経済学部は、男子は金融27・0%なのに、女子は38・6%にも達しています。これは、女子は総合職ではなく、地方転勤を伴わない地域限定総合職や一般職での採用が多いためと思われます。以下、サービス業や卸小売業が多く、製造業は男子が13・1%、女子が10・2%で、公務員も少なめです。法学部も、男子の23・4%に対し、女子は37・4%が金融に進みます。経営学部男子17・1%に対し女子33・5%と、銀行は青学女子が欲しいことがよくわかります。法学部から公務員は男子9・1%、女子6・7%と少なめで、経営学部は男子の製造業が20・5%と多いものの、男女問わず、早慶上智や明治と比べると、卸小売、サービス業の比率が高くなっています。国際政治経済学部は、金融は男子11・8%、女子23・2%とぐっと減り、製造業やサービス業の割合がかなり高くなっています。ただし青学の場合は、情報通信産業をサービス業と運輸・通信に分けてしまっているので、サービス業が多く見えてしまう面があります。しかし、明治大学と比べると、金融以外では、公務員や製造業といった「手堅い産業」をあまり目指さない傾向があります。大学のイメージと就職先が連動していることがわかります。

　立教大学はどうでしょう。経済学部からは38・7%が金融・保険に進みます。一方、経営学部は金融が24・2％で、製造業が23・5％と経済学部の13・4％に比べて顕著に多くなっています。立教大学の経営学部は、リーダーシップ教育を掲げ、1年生から少人数で企業から与えられた課題をグループワークで解決するなどの授業をふんだんに取り入れており、私が取材した際には、「何でもいいから大手企業、ではなく、自分でじっくり企業や業界を研究し、本当にやりたいことを仕事にするので、大手に内定してもベンチャーや中小企業に行く学生も多い」と教授が話していましたが、それを裏付けるデータです。法学部から公務員は10・6％と少なめで、金融や製造業が多くなっています。

中央大学は顕著な特徴があります。法学部は、弁護士などを目指して法科大学院に進学する学生を除いたデータですが、公務員に25・5％も就職。これは前出の大学との大きな違いです。金融も21・1％と高く、メーカー（製造業）は11・9％と続きます。経済学部は金融が25・0％と最多で、メーカー13・4％、通信情報サービス9・6％、卸小売り12・2％、公務員7・7％など。商学部は金融23・7％、メーカー13・5％、卸小売12・7％、通信情報サービス11・2％、公務員6・9％などとなっており、中央大学は、大学のイメージどおり、金融、公務員、製造業などを目指す学生が多い、手堅い大学だと言えます。青山学院や立教と雰囲気が違うのはキャンパスだけではありません。

法政大学は、法学部は金融・保険17・7％、公務員15・3％、サービス13・7％、製造12・2％などとなっています。経済学部は金融・保険25・2％、製造16・7％、サービス14・1％、公務員は7・5％。経営学部は金融・保険22・1％、製造17・8％、サービス16・4％が多くなっています。中央大学同様に、手堅い就職を目指す傾向が強くなっています。

ＭＡＲＣＨクラスの大学の次に位置する、日東駒専（日本大学、東洋大学、駒澤大学、専修大学）から、代表として日大をご紹介しましょう。法学部は、金融・保険業18・2％、卸小売15・7％、公務員14・2％などとなっており、製造業は7・6％です。経済学部は金融・保険業は21・3％と多いですが、製造業は10・6％で、卸小売業が21・3％と金融業と同じになっています。また、金融業の具体的な就職先も、上位大学でメガバンクや都市銀行が多いのに対し、地方銀行や信用金庫が目立ちます。商学部は卸小売業が最多で24・2％、金融・保険業は17・4％、製造業は9・0％です。上位大学に比べ、日大クラスだと文系からの製造業就職が激減します。

日東駒専の次の私立大学群と言われるのが、大東亜帝国（大東文化大学、東海大学、亜細亜大学、帝京大学、国士舘大学）です。代表として大東文化大学を見てみましょう。経済学部社会経済学科の就職者の37・7％が卸小売業、サービス業が16・2％で、この2つで53・9％に達し

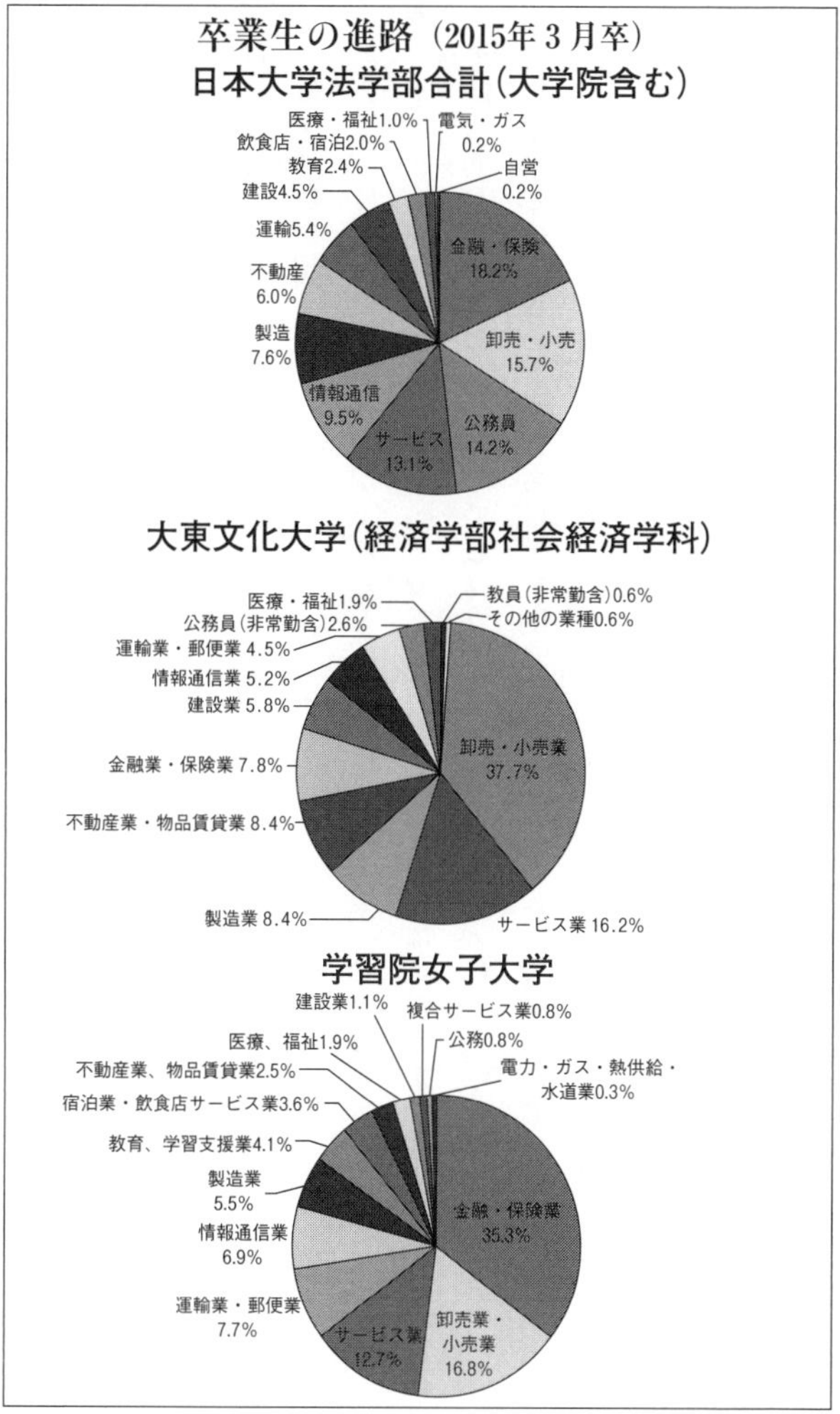
卒業生の進路（2015年3月卒）
日本大学法学部合計（大学院含む）
医療・福祉1.0%
電気・ガス 0.2%
飲食店・宿泊2.0%
教育2.4%
自営 0.2%
建設4.5%
運輸5.4%
不動産 6.0%
製造 7.6%
金融・保険 18.2%
卸売・小売 15.7%
情報通信 9.5%
サービス 13.1%
公務員 14.2%
大東文化大学（経済学部社会経済学科）
医療・福祉1.9%
教員（非常勤含）0.6%
公務員（非常勤含）2.6%
その他の業種0.6%
運輸業・郵便業 4.5%
情報通信業 5.2%
建設業 5.8%
卸売・小売業 37.7%
金融業・保険業 7.8%
不動産業・物品賃貸業 8.4%
製造業 8.4%
サービス業 16.2%
学習院女子大学
建設業1.1%
複合サービス業0.8%
医療、福祉1.9%
公務0.8%
不動産業、物品賃貸業2.5%
電力・ガス・熱供給・水道業0.3%
宿泊業・飲食店サービス業3.6%
教育、学習支援業4.1%
製造業 5.5%
金融・保険業 35.3%
情報通信業 6.9%
運輸業・郵便業 7.7%
卸売業・小売業 16.8%
サービス業 12.7%

ます。製造業は8・4%、金融・保険業は7・8%と激減します。もう一つの現代経済学科は、卸小売業35・4%、サービス業20・4%とこちらもこの2つで55・8%に達しますが、金融・保険業には11・6%、公務員に8・2%進んでいます。法学部法律学科は卸小売業28・3%、サービス業18・7%で、合計47・0%に達します。公務員は17・5%と多いですが、警察官と消防士が多くなり、いわゆる市役所などの地方公務員は減ります。経営学部も卸小売業、サービス業で半数を超えます。

このように、大学の偏差値が下がると、公務員、製造業、金融の割合が徐々に下がり、卸小売、サービスが増加します。早慶上智で公務員が少ないのは意外ですが、より待遇や可能性の面で魅力的な大企業に入るためでしょう。そして、偏差値の高い大学では、卸小売・サービス業に行く学生は少ない。私たちは、表向きは子どもたちに「職業に貴賤はない」と言っていますが、実際には、有名な大学、偏差値が高い大学ほど、公務員、そして金融、製造業などの優良企業に行く傾向は、このように強くなっています。「身分重くして貴き者」になるためには、学ぶしかないというのは、福澤諭吉から変わらないのです。この価値観を崩すのは、並大抵ではありません。

ここまでは、東京の大規模私大を偏差値順に見てきましたが、例外があります。女子大です。

名門女子大に限られますが、必ずしも偏差値だけでは測れない就職実績があります。たとえば学習院女子大学は国際文化交流学部の単科大学ですが、実に35・3%が金融・保険業です。お嬢様女子大としてのブランドが、金融業界から高く評価されていることがわかります。就職先企業名も、名だたる名門企業ばかりで、社名だけ見れば地銀や信用金庫が多い日大よりも就職は良いでしょう。

私が、法学部から公務員、経済学部から銀行にこだわるのは、東京ではない地方の動きからです。東京の私立大学の場合、金融はともかく、意外と上位大学でも公務員就職率が低いのですが、地方では事情が違います。地方では文系エリートというと、県庁や市役所などの公務員、教員、銀行員なのです。その証拠に、香川大学法学部は卒業生の40%が公務員、経済学部は33%が金融・保険業となっています。新潟大学の文系の就職データも、見事に公務員と教員と金融・保険業です。新潟大学経済学部は金融・保険業が30%、公務員が16%、法学部は37%が公務員、金融業は企業就職者の25%となっています。東京近郊でありながら、メンタルが完全に地方国立大学の場合もあります。千葉大学法政経学部は、卒業生の28・6%が公務員、18・3%が金融・保険業です。

もう21世紀も20年近くたっているというのに、私たち日本人のメンタルは、優秀な人ほど、

「良い高校から良い大学に入れば、安定した公務員や大企業に行ける」というものなのです。ネットのニュースを見たり、ベンチャー企業で働いているような若い人には、世界はもっとギラギラして見えるでしょうが、実際には日本人の教育観、キャリア観は、富国強兵の明治時代のように保守的です。私は年間100校以上、全国の高校を回って、生徒や保護者、教員向けに講演をしており、その際には必ず早めに高校にお邪魔して取材をしていますので、この「岩盤」のように固い「安定」への希求を、特に地方高校で感じます。

†「地方公立高校」という「岩盤」

入った大学で、おおむね行ける会社が決まってしまうことは、今までの流れでおわかりいただけたと思いますが、実際には、大学ではなく、高校で決まります。厳密には、高校というよりも、中学卒業時の学力で人生のおおまかな方向性は決まってしまいます。都市部と地方でやや状況は異なりますが、地方創生の時代ですから、まずは地方の事例からご紹介しましょう。実際には各都道府県の複雑な事情があるのですが、単純化して説明します。

卒業生の進路（2015年３月卒）

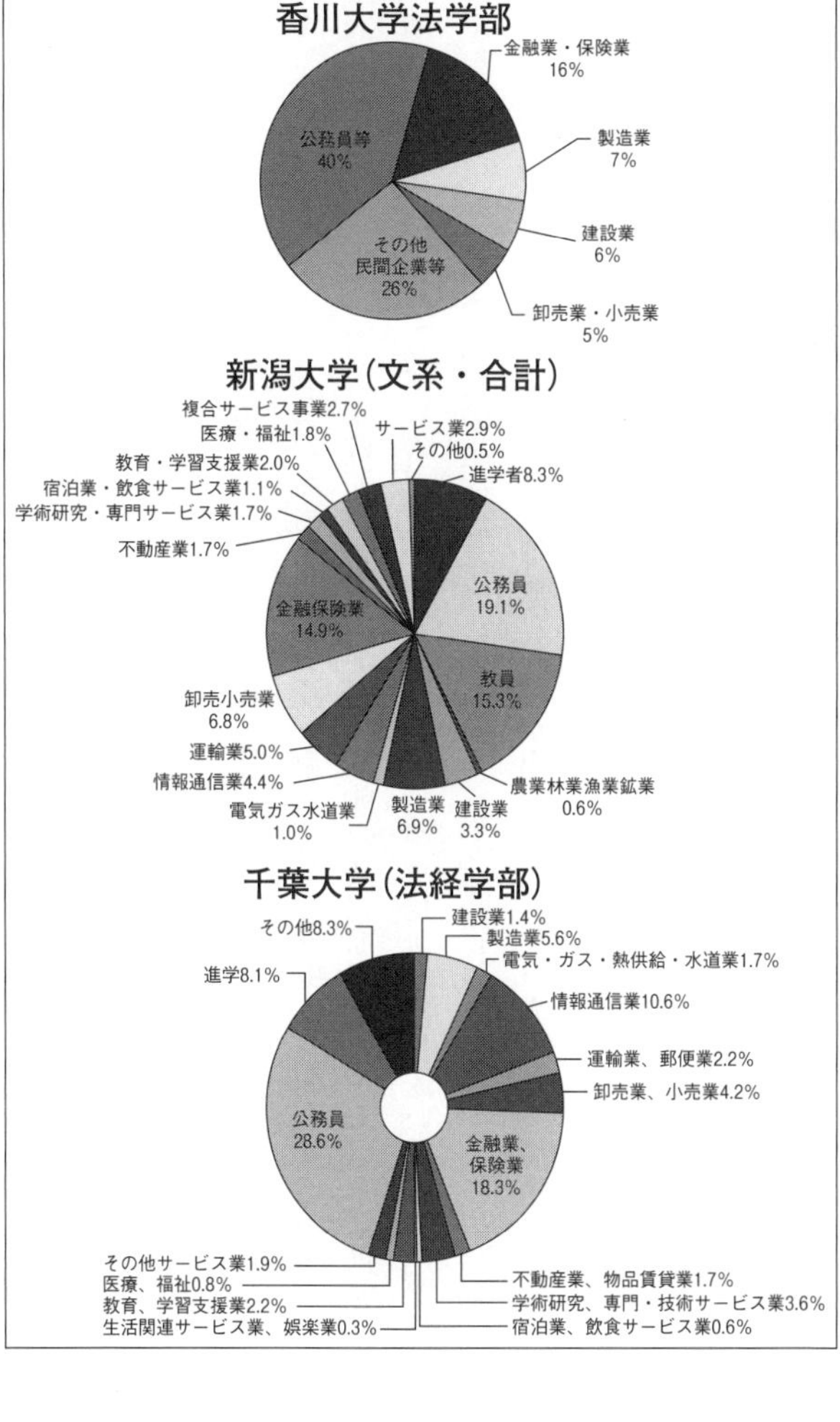

†地方高校の序列

・一番手高校……東大・旧帝大でなければならない／偏差値65〜70

その県や地方を代表する名門高校で、多くが戦前の旧制中学校（男子校）を前身としています。東大や旧帝大、医学部に何人入ったかが高校の格を決める重要なポイントで、進学実績が落ちては、地元の教員、公務員、金融業の卒業生が黙ってはいません。毎年150人以上が国公立大学に進学します。国公立に進学するのが当たり前の文化で、学力から言えば世界の高校生に間違いなく引けを取らないのですが、多くがグローバル化からは程遠い教育や進路指導を受けています。こうした高校の生徒は本当に優秀で、私も訪問して話をすると、「一を聞いて十を知る」彼ら彼女らは、大学や企業は喉から手が出るほど欲しい人材だと痛感します。

・二番手高校……国公立大でなければならない／偏差値60〜65

旧制の高等女学校や、「一番手高校」が第一中学校だった場合の第二中学校を前身とする名門高校だったり、高度成長期や団塊世代の高校進学に合わせて新増設された高校で、「一番手高校」にライバル心むき出しで進学実績を競います。県庁所在地レベルの人口規模の都市だと、進学実績はほとんど一番手高校に並びますが、より小規模の地方都市になると、一番手高校に遠く及ばない進学実績になることもしばしばです。長野県松本市の「市内4校」や、岡山県岡山市の「岡山5校」、同じく岡山県倉敷市の「倉敷4校」のように、一番手高校も含め、名門高校群として地方都市で崇拝されています。毎年100人ぐらいが国公立大学に進学します。国公立大学を目指さなければ人ではないというカルチャーはありますが、早慶や同志社などトップ私大なら許される雰囲気もあります。

・三番手高校……上位は国公立大学、他は一般入試で私立大学/偏差値55〜60

あからさまに言えば「トップクラスではない進学校」で、毎年50人ぐらいが国公立大学に進学します。しかし進学校としてのプライドは高く、高校入学時点ではほとんどの生徒が国公立大学志望で、受験で落ちた上位高校を見返そうと最初は頑張りますが、次第に自分の実力がわかってきて、成績上位層以外は結果的には多くが私立大学に行きます。ただし、学力に誇りを持っているので、推薦・AO入試を嫌い、ほぼ全員がセンター試験を受け、私立大学も一般入試で受験します。理想は国公立ですが、私立はMARCH、関関同立（関西大学、関西学院大学、同志社大学、立命館大学）、地元名門私大を狙います。三番手高校の生徒は頑張って勉強しますが、この層がいわゆる「お受験本」で取り上げられることはまったくありません。しかし、この層こそが日本の大学受験生の、間違いなくマジョリティーです。そうでなければ、明治大学や近畿大学の志願者が10万人に達するはずがありません。

・四番手高校……ＡＯ・推薦で私立大学か、専門学校あるいは就職など／偏差値50〜55

いわゆる「底辺進学校」です。ほぼ全員が大学進学を希望しますが、ほとんどがＡＯ・推薦入試で、一般入試を受ける生徒は限られています。センター試験を受験する生徒も少ないのですが、普通科高校の中には、学校側の見栄か高校卒業認定試験のような位置づけでセンター試験を全員に受験させている高校もあります。商業高校、農業高校、工業高校、総合高校などの職業系高校もこのクラスになることが多く、幅広く私大に進学するほか、短大や専門学校、就職など多彩な進路となります。中堅から下位の私大は、ほとんどこのクラスの高校から受験生を獲得します。親の所得が低い、あるいは一人親の家庭も増えてきます。もちろん、優秀な生徒もいます。勉強はともかく部活ばかりやっている高校、生徒の多くが家計を助けるためにアルバイトをしている高校も増えてきます。

・五番手高校……大学進学者は少ない／偏差値50以下

普通科の「底辺校」「教育困難校」です。しかし、大学全入時代ですから、えり好みしなければ大学に入れます。いまや日本の私立大学の４割が定員割れで赤字経営であり、苦境にある大学は、このクラスの生徒も必死に集めます。その結果、大学で授業が成り立たない、様々な背景を持った多様な学生が入ってきて大学が混乱するなどのトラブルも起きます。現実には、大学進学者が非常に少ない高校で、専門学校や就職が多くなります。進路未定で卒業してしまう生徒も少なくありません。中退者が多い荒れた高校もあります。ただし、すべてが「荒れている学校」ということではなく、地域によっては生徒が素直で雰囲気の良い高校もあります。

・地方私立高校

私立高校の場合、いわゆるトップ進学校や、逆に極端な底辺校を除けば、同じ高校内で、特進クラスをつくって国公立大学進学者数を伸ばしたり、あるいはスポーツに力を入れて甲子園常連になるなど、一番手高校から四番手高校までの要素を持った大規模私立高校が目立ちます。スポーツに力を入れたい生徒も、名門公立高校には入れなかったが、下の公立高校には行きたくない生徒も、どちらもプライドが満たされるので、こうした私立高校は受験者が多くなります。知名度の高い私立の甲子園常連高校が意外と大学進学実績が良いのは、公立高校とのバランスからです。

†入れ替え戦はめったにない

東京の場合ですと、一番手高校が、誰でも知っている東大常連の名門私立高校やトップ都立高校、二番手高校は早慶上智東京理科大を目指すが実際は多くがＭＡＲＣＨの高校、三番手高校はＭＡＲＣＨを目指すが実際は日東駒専の高校、四番手高校は日東駒専を目指すか多様な進路の高校、五番手高校はどこでもいいから進学すればいい高校という感じになります。関西だと二番手高校が、京大阪大を目指すが実際は多くが地方国公立大や関関同立の高校、三番手高校が、関関同立を目指すが多くは産近甲龍（京都産業大学、近畿大学、甲南大学、龍谷大学）の高校という感じでしょうか（もっとも、近年の近畿大学はこの呼び名を非常に嫌い、ブランド力向上の努力をしていることを追記しておきます）。

大学を出るときの就職ではなく、どの高校に入ったか、つまり中学3年生の時までの学力、受験勉強で、おおよそ人生が決まるのです。もちろん、人生は一部で「入れ替え戦」があります。名門ではない高校で、低い偏差値でも、がんばって勉強したり、何かの特技があって、名門大学に入れたり、名だたる企業に入れた人も、もちろんいるでしょう。しかしそれは、一部の例外です。

そして、２０２０年に新しい大学入試になっても、この高校、大学、就職の序列は、大きくは変わらないと私は考えています。「学力による選別」は有効だからです。一部の入れ替え戦で勝てる可能性の幅は広がるとは思います。しかし、「学ぶか学ばないか」で「身分重くして貴き者」になれるかどうかが決まるのは、普遍的な真理を含んでいるのです。誰もが東大を出てメガバンクに入れるわけではありません（もちろんそれだけが人間の幸福ではありませんが）。しかし、子どもたちは、人によっては中学受験から、高校を選ぶ際に、人生の多くが、おおよそ、一部の入れ替え戦以外は、決まってしまう。

こんな状態で、私たちは、どう自ら学んでいけばいいのか。「アクティブラーニング」は有効なのか。ここで私はいったん筆をおき、本間正人先生に解説していただきましょう。

偏差値で人生は決まるか？　本間正人

山内さんが福澤諭吉先生を引用しましたので、私は中村正直先生が訳された英国の思想家サミュエル・スマイルズの『自助論』（原題はSelf-Help）の言葉をご紹介したいと思います。

それは、「天は自ら助くるものを助く」（Heaven helps those help themselves.）という言葉です。明治３（１８７０）年に出版された『西国立志編』の冒頭の一節がこの一言。この本も１００万部を超える、当時の大ベストセラーになりました。

英明君主の庇護を受けて、無事に暮らせていけば良いという「お上《かみ》意識」を脱却し、市民自身が困難に立ち向かい、問題を解決し、志を実現していこうとする自覚と主体性を感じます。この主体性こそが、近代文明を発展させてきた根本精神の一つだったのです。アクティブラーニングの原点もまさにここにあります。人間は「自ら学ぶ存在」（ラテン語ではHomo Discens）であり、生まれてから死ぬまで、学び続けていくのが人間という種の最大の強みなのです。

「最終学歴」も、努力の証であり、それが社会人としての活躍をある程度、予測する材料になることは間違いありません。しかし、たとえば「最終学歴」と「生涯賃金」との相関関係は、第二次世界大戦後、歴史の推移とともに低下しているのではないでしょうか？

私は、社会人としての成功の鍵は「最終学歴」ではなく、「最新学習歴の更新」にあると考えています。わが大師匠・松下幸之助翁の最終学歴は小学校4年中退でした。しかし、彼は「耳学問」で他人の話に耳を傾け、自ら学び続けることにより、昭和の「経営の神様」と言われる業績を築き上げたのです。

「えー、学校を卒業してからも、一生、学び続けなくてはいけないのですか？」という悲鳴が聞こえてきそうです。答えはＹｅｓなのですが、「学び続けなくてはいけない」という表現の奥底には、「学習は辛いもの、嫌なもの」という「嫌学観」があります。本来、学びは楽しいもの。今まで知らなかったことを理解し、できなかったことができるようになり、様々な人の考え方に触れるのは、まさに人生の妙味ではないでしょうか？

論語の冒頭には、「学んで時に之を習う。またよろこばしからずや。朋あり遠方より来たる。また楽しからずや」とあり、「学びはうれしいこと、人との出会いは楽しいこと」というのが学習の原点なのです。

†大学名や偏差値で就職が決まる？

山内さんが「身も蓋もない」とおっしゃる「大学名や偏差値が就職に与える影響」は、2016年、この本の執筆時点においては、決して無視できない大きさ、重みを持っていると私も考えます。

ある大企業の採用担当者が、2人の就職志願者を前にした時、面接で同じような印象だったとすれば、「偏差値の高い大学」の卒業生の方が採用される可能性はかなり高いのではないでしょうか？　上司から「何で、こいつを採ったんだ」と質問された時に、もっともらしい「常識的な答え」ができるからです。

しかしながら、こうしたパターンがいつまでも続くかと言えば、それは疑問です。明治維新前の幕藩体制の社会であれば、まずもって「出自、家柄」が将来の進路を決定する最有力のファクターであり、国民の大多数を占める農民の子にとって、職業選択の余地はほとんどゼロでした。逆に言えば、大学の偏差値が就職に幅を利かせるのは、日本においてここ数十年の現象だと考えられます。時代の推移とともに「常識は変わる」のです。

受験競争の世界でも「下克上」は、決して珍しくありません。首都圏で最も目立つのは渋谷学園の台頭です。かつては、あまり目立たなかった中学校・高等学校でしたが、現在は「しぶしぶ、しぶまく」は有数の受験校として認知されています。関西では、西大和学園の急上昇は大きな注目を集めました。

大学でも、秋田の国際教養大学は、すべての授業を英語で行なう方針がきちんと徹底され、抜群の就職率を誇っています。私は、前身となった「ミネソタ州立大学機構秋田校」の設立に少しだけ関与したので、思い入れがありますが、故・中嶋嶺雄先生の執念とも言うべきご尽力が、現在の隆盛に直結していると考えています。

国際教養大学の場合には、設立から短時日にして、就職実績と入学時の偏差値を高めました。他方、立命館大学や近畿大学が知名度を高め、多くの志願者を集めるまでには、それなりの年月の積み重ねが必要でした。

†AIに代替されない能力を育む

我田引水になりますが、私が勤務する京都造形芸術大学は、アクティブラーニングの本家本元を自負し、ペーパーテストが得意で高い偏差値を誇る学生とは、違う土俵で勝負できる学生を育成しています。第1章の最後の文章でも書きましたが、これからの世界では、AIの急速な進化に伴い、役割分担の見直しが進んでいきます。正解が決まっている問題を解決する力は、ＡＩの方が上なので、そうした人材に対するニーズは次第に低下していくはず。

他方、これまで学んできた知識や技能を、特定の状況の下で応用するという能力は、プログラミングすることがきわめて難しいでしょう。経験とか場数がものを言う分野のはずです。また、それまでに存在しなかった新しい選択肢を生みだす創造力も、美しくデザインするセンスも、機械の得意分野ではありません。おそらく人間の「真似」はかなり上手にできるでしょうが、「本物」とは何かひと味違うのではないでしょうか？

物事を一面的に見るのではなく、角度を変えて、様々な視点から見ることのできる力、さらに言えば、全体と部分との関係を認識する力などは、まさにＡＩの「フレーム問題」として、最後まで残る機械の限界です。

もちろん、多様なバックグラウンドを持つ人達と人間関係を構築する力、信頼関係や合意形成など、高度なコミュニケーションは、見通しうる未来まで、やはり生身の人間の出番だと私は考えます。こうしたＡＩに代替されない諸能力の向上をはかるためには、教室での一斉授業はあまり効果的ではありません。むしろ、一方通行の授業は、加速度的にｅ－ラーニングにとって代わられていきます。学校は、「知識を与える場」ではなく、コミュニケーション能力をはじめとする「社会性を涵養する場」になるのです。

体験型学び、すなわちアクティブラーニングは、「人間が本来、アクティブ・ラーナーだったことを再発見する」ことを目的として、五感を駆使し、感情を伴う体験をし、そこで気づいたこと、感じたことを、仲間と話し合い、聴き合い、交流して、視点の幅を広げながら、言語化・映像化していくプロセスです。

†マンディの挑戦

京都造形芸術大学では、新入生が前期15週間、毎週月曜日、学科・コースの枠を超えたクラス編成で、すべての学生が創造力と人間力に磨きをかける様々なワークショップを体験する「マンディ・プログラム」が初年次教育の柱になっています。15週間にわたって鍛え上げられた個々人の能力と、その期間中に築かれた人間関係をベースにして、9月に2週間かけて「京造ねぶた」を創り上げていくことが伝統になっています。

私はまだ奉職して4年ですが、京都造形芸術大学は開学当初からアクティブラーニングのパイオニアとして、ノウハウの蓄積を行なってきました。だからこそ、作家として活躍する在学生も増え、卒業生を採用した企業や組織から「京都造形芸術大学の学生は使える」というご評価をいただいているのだと思います。また、ヤノベケンジ先生をリーダーとする「ウルトラファクトリー」では、先鋭的な現代美術アーティストを育成し、注目を集めています。

これは京都造形芸術大学だけのほんの一例ですが、日本全国の大学には、固有の歴史・伝統、そして強みがあり、それをうまく引き出していくことで、全国のみならず世界から学生を獲得し、素晴らしい教育活動を展開していくことが可能です。逆に、地方の国立大学が一斉に、右向け右で、人文社会系の学部を改組し、「地域〇〇学部」を乱立させている現況には危惧を感じます。

偏差値という一つの軸でピラミッドを構成する富士山型ではなく、それぞれの大学が独自の特徴に磨きをかけて、八ヶ岳のような連山に進化して行く方向性が日本の大学には求められていると考えます。

第3章

本間先生に聞きたい、アクティブラーニングQ&A

✝素朴な疑問からアクティブラーニングの理解を深めよう

第1章、第2章での山内太地氏の議論と私のコメントをお読みになって、皆さんはどんなことを感じたでしょうか。「そのとおり」と思う箇所もあれば、「そうは言っても」と首をひねった場面もあったかもしれません。

本章では、アクティブラーニング（AL）に対して、多くの人が感じる「素朴な疑問」「今さら質問しにくい質問」について、私なりに回答を試みたいと思います。

特に、昨今の学校教育の変化になじみのない親世代の方にとって、これからの教育の方向性について、理解を深めていただけるように配慮してみました。

本章を理解することで、アクティブラーニングに対する誤解が解け、そして、まさに「アクティブ」にアクティブラーニングを実践していくことが可能になるはずです。

Q1 ALとは？

AL＝アクティブラーニングの目的は、「人間という動物が、能動的学習者、すなわちアクティブ・ラーナーだったという事実に気づき、再発見する」ところにあります。現代日本の多くの学校で、いまだに行なわれている一方通行の講義形式の授業に対して、この弊害を克服しようとする流れの中で注目を集めるようになりました。

レクチャー形式の授業の最大の問題は、本来、学習の主人公であるべき生徒・学生が、「受け身で教わる」というモードに慣らされてしまうこと。「自分で考えて発表する」といった能動的な力を伸ばす機会が乏しく、社会に出てから「指示待ち族」などと揶揄される状況があります。

これに対して、アクティブラーニングとは、頭だけではなく、体や心もフルに使って学ぶプロセス。視覚、聴覚、嗅覚、味覚、触覚という五感を駆使し、喜怒哀楽や驚きといった感情を伴う体験をしていきます。また、同じ体験をしても、そこで気づくこと、感じることは人それぞれ異なります。ですので、自分の感想を仲間と話し合い、お互いに聴き合い、交流し合うことによって、視点の幅を広げ、多様性に対する許容度を高めていくことも重要です。

正解は1つに決まっているわけではなく、人の数だけ感じ方、受けとめ方は異なるのが当然で、人の数だけ「真実」が存在するのです。従って、マルチプル・チョイスのペーパーテストを受けて、採点してもらう仕組みにはなじまず、むしろ、一人一人の学習者が、体験から学んだことを言語化・映像化した学習記録を残し、省察を深めていくことに力点が置かれます。

ですから、点数や偏差値といった単一の基準で、順位をつける発想からは、非常に遠いところにある営みと言えるでしょう。

歴史的に見ると、「能動的学習」という観点では、古くはプラグマティズム哲学の祖ジョン・デューイなどの経験主義教育に起源を置くという立場の人もいます。

私自身は成人教育学が専門分野でしたので、マルコム・ノウルズなどが学習者中心主義を唱え、経験や現実と関連した知識の修得という観点から「自律的学習」を促した影響もあると考えています。理論的な面にご関心のある方は、京都大学の溝上慎一先生の一連の著作をお読みになることをおすすめします。

ここ2、3年で、雨後のタケノコのようにたくさんのアクティブラーニング本が出版されていますが、きちんと分析・体系化されているという点では、溝上先生の本が一番です。

Q2　黙って聴く講義形式の何がいけないのか？

過去数十年のスパンで見れば、黙って聴く講義形式の授業が「あたりまえ」、学校教育の常識でした。

しかし、百数十万年の人類史をふりかえると、6歳から22歳くらいまでの子どもや若者が、部屋の中で、1つの方向を向いたまま、1日6時間も過ごすというのは、極めて異例な事態と言えるでしょう。ホモサピエンスという種は、そういう静的な姿勢を続けていくことに必ずしも適した肉体を持っていません。

私は数年前、とある公立中学校で講演を依頼されました。全校生徒300人ほどが、体育館に集められ、椅子はなく、体育座りをして待っていました。私も一所懸命、講演をするのですが、PA（放送設備）装置も貧弱で、反響音も長くて、聞き取りにくいせいもあり、次第にだれてきます。そうすると、お尻をピボットにして、向きを変えて、他の生徒とおしゃべりする生徒があちらこちらに出てきました。

なるほど、学校に設置された机と椅子は、児童・生徒を同じ向きに向けておくための「拘束具」であったかと思い知らされました。誤解を恐れずに言えば、私は、多くの教員の方よりは、話も面白く、話術も巧みであるという自信がありました。しかし、体育館での講演は一筋縄ではいかないことを思い知らされました。

ちなみに、休憩時間をとったところ、非常に興味深い現象が起こりました。突如として、数名の男子生徒が、意味もなく（と、その時の私には見えました）、体育館の中を走り始め、追いかけっこをしているのです。また、何組かの女子生徒は、足を投げ出したり、肩を組んだり、手を握ったり、ひざまくらをした友だちの髪の毛をなでたりし始めるのです。

「あ、この風景、どこかで見たことがある」と思いました。

次の瞬間、それは「動物園の猿山」だったとわかりました。人類はまぎれもなく、霊長類、猿の一種であり、本能的な行動特性としては、猿山のおサルとさほど違わない特徴を持っているのです。人間の尊厳を尊重すべきことは言をまちませんが、私たちの脳が、タマネギのような重層構造をもち、中心部に爬虫類の脳や哺乳類の脳があるのは既知の事実です。

となると、1日6時間も一定方向を向いて座り続けるのは、私たちが本来持っている身体感覚、行動特性に反することなのかもしれません。授業中にじっとしていられない子が、数パーセント発生するのは、やむを得ないことであり、むしろ、そうした子どもの方が「自然」なのかもしれません。じっとしていられる子どもにとっても、「黙って聴く講義形式」の授業は、一般論として効率がよくありません。

一人一人の学習者が授業前に持っている知識のレベルや情報処理能力は異なるので、ある授業が、Aさんにとっては難しすぎる一方、Bさんにとってはやさしすぎるという事態が当然起こります。また、「優位感覚」や「学習スタイル」はみな異なるので、教師や授業の進め方との相性のよしあしも発生します。すべての学習者にとってベストの授業、というものは存在しないのです。

実際問題として、中学校、高等学校の授業内容を全部覚えていたら、テレビの「クイズ王」になれるでしょう。残念ながら、中高の授業内容のほとんどは、あまり印象に残っていないケースの方が多いのではないでしょうか？　逆に「あの学校のあの先生の思い出」と言う時に、思い出されるのは、脱線して横道にそれた雑談とか、瑣末なエピソードだったりします。

つまり、「感情の動きを伴う学習」は長期記憶に残りやすい一方、心が動かない授業は、忘却の彼方に消えていってしまうのです。中には、パワーポイントのスライドを駆使したり、面白くてためになる動画を上映したり、感動的な演出を組み込んだりして、工夫をされている教員の方もいらっしゃいますが、一般的に「黙って聴く講義形式」は、印象にも記憶にも残らないケースが多いと、私は考えます。

それが証拠に、多くの中高生は、中間試験・期末試験の直前に、急に勉強を始めます。ふだんの授業を受身で「受講する」だけでは身につかないので、「一夜漬け」であったとしても、自ら学ぶことにより、試験でそれなりの成績をとろうとするわけです。

さらに言えば、一方通行の講義は、e-ラーニングに最も代替しやすい形式です。もし、本書を読んでいるあなたが、教師であったなら、e-ラーニングに取って代わられない資質・能力に磨きをかけることを、私は強くおすすめしたいと思います。

Q3　ALで受験に対応できる?

大学入試改革の細目については、今後、多少の行きつ戻りつがあるでしょうが、大きな方向性として、「知識の丸暗記」が合否の決め手になる入試は相対的にウエイトが軽くなっていくのは間違いありません。親御さんの世代とは入試の内容も方法も変わっており、さらに変わっていくのだ、という事実を認識していただきたいと思います。

すでに、全大学生の半数がAO入試や推薦入試など、ペーパーテスト一発の入試ではない方法で入学しているという事実があります。面接や実技、プレゼンテーション、グループワークなど、AO入試のやり方も多様化しており、さまざまな強みをもった学生が、自分の持ち味を活かして、大学の門を叩き、入学を果たしています。

そして、偏差値教育の牙城とも言われてきた東京大学をはじめとする旧帝国大学でも、AO入試を導入する時代なのです。医学部でも、人物重視のかけ声の下、面接を導入する大学が増えています。

囲碁の世界チャンピオンが、「アルファ碁」というAIに敗北したというニュースが流れましたが、これまでのセンター試験など、正解が1つに定まった問題に対して、短い時間の中で正解を見出していく入試形態であれば、AIは満点がとれるはず。人間は太刀打ちできないのは明らかです。そこで、人間の能力を評価するためには、筆記試験であったとしても、思考力を問う問題、記述式で考えのプロセスを見る方法が、今後ますます重視されていくことになるでしょう。

まして、多くの大学が採用するAO入試では、中学高校で、テーマに沿って現場を調査して発表するようなプロジェクト型学習を経験したり、演劇的手法や芸術的創作活動を体験した生徒が、いきいきと活躍する傾向が強まっていくでしょう。つまり、アクティブラーニングを経験していない生徒は、受験できる大学が限られてくるはずです。

もちろん、アクティブラーニングの導入は、「一人一人の能動的学習力を引き出す」ことが目的であり、受験対策のために実施するのは本末転倒なのですが、入試にも役立つ、ということは言えると思います。

†Q4　うちの子はALに向いていないのですが、どうしたら良いでしょうか?

アクティブラーニングに向いていない子はいません。また、これに限らず、わが子の適性、何かに「向いている、向いていない」を軽々に即断してしまうのはとても危険です。

そもそも、私の考えは「すべての人がアクティブ・ラーナーである」という前提に立っています。ただ、これまで中学校や高等学校で実施されてきた形のアクティブラーニングに対して苦手意識を感じた生徒が少なからずいる、ということもまた事実です。

理由は大きく分けて2つあります。

第一に、苦手意識とは、練習不足のことです。

たとえば、英語を苦手だと感じている日本人は多いのですが、それは、英語との接触時間が短いのが最大の理由。日本語が自然にしゃべれるようになったのは、学校で国語の授業を受けたからではなく、周りの人が日本語を話す環境の中で育ち、自然に吸収していったからです。それが証拠に、みんな地域ごとの方言やイントネーションをいつの間にか身につけています。学校の影響が大きければ、みんな標準語を話すはずではないでしょうか？

アクティブラーニングに関しても、慣れないうちは、「やりにくさ」「違和感」を覚えるのが当然です。おろしたての、履き慣れない靴でマメができてしまうようなもの。しかし、靴が自分の足に馴染んでくれば、そうした違和感は解消されます。アクティブラーニングも数回ではなく、数十回、数百回経験すれば、それが当然のことになっていくのです。

第二に、これまで学校でとり入れられてきたアクティブラーニングのメニューが限られ、教師も習熟していなかった、という事情があります。

某県の学校では、配付したタブレットの設定やWi-Fi接続がうまくいかず、授業時間のほとんどを費やしてしまった、といった事例がありました。これなどは、数回後にはまったく問題にならなくなっていたはずです。

親御さんからすれば、愛するお子さんから「今日、学校でアクティブラーニングをして嫌な気持ちになった」という話を聞けば、「アクティブラーニング憎し」という思いがむらむらと湧き上がるでしょう。ただ、過度の一般化と感情的な反応は禁物です。まずは、どんな状況だったのか、しっかり話を聞くことが大切です。そして、好き嫌いのレベルではなく、どんな学びや気づきがあったのかを引き出してみてください。「良薬は口に苦し」の場合もありますから。

また、今後、アクティブラーニングの授業を参観する機会も増えるでしょうし、保護者がアクティブラーニングを体験するチャンスも出てくるはず。ぜひ、お子さんと一緒にご自身も味わってみてください。「食わず嫌い」で、「あれはダメだ」と決めつけるのは、賢明な態度とは言えません。

†Q5　学校の先生は、どんなALの授業をやるのが正解なの？

その学校、学年、科目の教育目標に沿って、生徒集団の特性を見ながら、楽しく授業する、というのが基本です。アクティブラーニングが自己目的化してしまうと、目標がぼけてしまいがち。あくまでも、教育活動の一環として位置づけられることが必要です。

そして、クラスにはさまざまな背景、特徴を持った子どもがいることを前提に、ワンパターンではなく、いろいろなメニューを取り入れること。そして、アクティブラーニングを推進するファシリテーション能力に磨きをかけ続けることが大切です。

教員向けのアクティブラーニングのマニュアルには、「ディベート」が取り上げられていることが多いのですが、この種目は好き嫌いが分かれます。「ディベート」の本来の目的は、複数の立場から物事を考え、論理的思考力を磨き、プレゼンテーション能力を高めるところにありますが、教室で導入すると、やはり、競争心の強いタイプの生徒が有利に立ちます。

多少、論理に破綻をきたしていても、大きな声で相手を言い負かそうという迫力が功を奏する場合が少なくありません。他方、クールに論理を構築するのは得意でも、他人と争うのを好まず、対立的なコミュニケーションを避ける子どもも存在します。

これはあくまでも一例ですが、アクティブラーニングを導入する場合には、いろいろな特性・強みをもった生徒がいることを含み置いた上で、ワンパターンではなく、いろいろなメニューを実施するのがおすすめです。ディベートと対照的な種目としては、チームワークで1つのものを作り上げていく作業、あるいは、一人で探究したり、内省したりするワークなどがあるので、こうしたものを組み合わせてバランスをとるのが良いでしょう。

また、ディベートの場合、プレゼンテーション能力だけを評価するのではなく、準備段階での資料に目を通し、その論理性や言語表現の工夫に着眼してほめたり、タイムキーパー役をつとめていた子をねぎらったりすることも、重要です。

慣れないうちは、アクティブラーニングを進行することに意識が向かい、子どもたちの表情や気持ち、学びを見落としてしまうこともあるでしょう。しかし、回を重ねるうちに、その種目が自家薬籠中のものとなれば、生徒の顔の輝きや曇り、細かい工夫や目立たない努力も認識できるようになり、これをきちんと言語化して、承認することができるようになっていきます。

†Q6　既に流布しているAL成功事例をうちの学校でもマネすればいいの?

学校の先生が「アクティブラーニングの授業をやらされている」と感じたら、それは実にもったいないことです。教師の役割として最も重要なのは、うまく授業をこなすことではなく、「アクティブ・ラーナーとしてのお手本になる」ことだからです。

ですから、すべての学校・教室・教師に「これが正解」というアクティブラーニングの授業が存在する訳ではなく、その教師自身にとって、自分らしさが発揮できるテーマを見つけ出すことが重要です。そのために、すでに出版されている書籍を読んだり、DVDやYouTubeで国内外の事例を観察したり、他校や他の教室を見学したり、教員向け講座に参加したりして、見聞を広げるのは有効です。

「マネする」という言葉には、若干、ネガティブな響きが含まれますが、もともと「学ぶ」の語源は「真似ぶ、マネをする」ところにありますから、先達の経験を参考にするのは、恥ずべきことではなく、むしろ大いに奨励されるべきです。ただし、他校・他者の事例とは異なる、自校・自分自身に固有の状況もあるでしょうから、他のケースをそっくりそのまま導入するのではなく、アレンジを加えるのが不可欠な場合もあると思われます。

自分が担当している教室で、どんなアクティブラーニングの種目をどのように導入するのか？　教師自身が、正解のない探究に積極的に臨む姿勢が問われるところです。

†Q7　ALをやる塾や予備校に行ったほうがいいの？

子ども向けのプログラミング講座でゲームを作ったり、科学の実験をしたり、レゴでさまざまなオブジェを創作したり、自然の中でアドベンチャー体験をしたり、といった形でアクティブラーニング系の民間講座は昔からありましたが、近年、いっそう増えてきているようです。ピアノのレッスンや水泳、児童英会話教室、あるいはボーイスカウト、ガールスカウト活動なども、広義のアクティブラーニングに含まれるでしょう。

こうした学校外学習のプログラムは、子どもの多面的な可能性を引き出す上で、素晴らしい効果を生む場合があります。ですので、親として、地域の中で提供されている多様な学習機会を調べ、時間とお金の制約条件の中で、わが子に体験させることは、一般論としておすすめです。決して高額な費用がかかるものばかりではなく、公的機関やNPOが無料あるいは実費程度で開催している講座もありますので、調べてみてはいかがでしょうか？

ただし、親の「押しつけ」は避けなければなりません。親には強制力がありますから「これ、やりなさい」と言われれば、子どもはやらざるを得ません。「これ、好きよね？　あなたが選んだのよね？」と念押しされれば、きっと、親の意図を忖度して「イエス」という答えが返ってくるでしょう。

しかし、それは本来のアクティブラーニングとは逆の方向の働きかけです。子どもが内在的に持っている「自ら学ぶ力」を引き出すのが、親の役割。ですから、いろいろなメニューを体験させ、自ら選ばせる時間と心の余裕を与えたいものです。

また、アクティブラーニングは、どこかに出かけなければできないというものでもありません。ご家庭の中でも、できることはたくさんあります。料理や掃除、洗濯など、家事は、アクティブラーニングそのもの。「家のお手伝い」というのは、義務感が先に立てば苦役になりますが、「自らの学び」「探究の対象」となりうるものなのです。

たとえば、次のＵＲＬ（https://www.youtube.com/watch?v=abPjdt4DZuk）は「2秒でシャツ

をたたむ方法」のビデオ（英語）です。「Davehax shirt fold」で検索すればすぐに出ます。こちらは「画期的なスイカの切り方」(https://www.youtube.com/watch?v=eaVNMfS9sgI)。「Davehax watermelon cut」で検索してみてください。

「家事を手伝わなければならない」という命令ではなく、「一緒につくってみよう」「工夫してみよう」と提案すれば、アクティブラーニングになるのです。「洗面所の水栓を重曹で磨く」「豆腐とワカメのみそ汁をつくる」「モヤシのヒゲをとる」「海老の背わたをとる」「靴を磨く」「貯金箱の中の硬貨を数える」など、家の中でできることは無数に存在します。

この際、大切なのは「うまくできたところや努力をほめる」こと。大人の基準でダメ出ししたら、それが嫌いになってしまいます。「こんなにきれいになったね」「すごいね」「できたね」などと、行動を促し、後押しするようなコーチング的声かけが効果的です。

「避難所に指定された場所を実際に訪れる」「防災備蓄用の乾パンを食べる」「災害伝言ダイヤルを試す」といった行動は、アクティブラーニングである以上に、緊急の場合に冷静に対応できる能力を高めることになるので、ぜひ、お試しください。

†Q8　うちは田舎なので不利ですか？

新聞社やテレビ局は東京や県庁所在地に集中しているので、マスメディアが報道するニュースはどうしても都市部から発信されたものに偏る傾向があります。アクティブラーニングに関しても、都会の学校や民間教育機関が行なっているものの方が、取材しやすいので、報道されやすい傾向があるでしょう。しかし、それぞれの地域の実状・特性にあったアクティブラーニングの種目・進め方があります。

たとえば、緑豊かな山間部であれば、森林の生態系を観察したり、野草やきのこを調理したりするのも良いでしょう。都会では入手が困難なさまざまな岩石がそこかしこに散らばり、独特な地形が形成される標本がそこに存在しているのです。夜空が暗ければ、天体観測には好適でしょうし、山間を結ぶ峠道の歴史を実際に歩いてみて発見する先人の苦労もあるかもしれません。海沿いならば、海洋・海岸の地形を調べたり、魚介類を現代風と昔風に調理し、食べ比べてみてはどうでしょうか?　伊能忠敬よろしく測量するのも地理学の基礎として極めて有益です。海水の中のミネラル成分やプランクトンなどを分析するのも、都市部ではできないアクティブラーニング型の研究になります。

要するに、地域資源を活かし、「できること」を探すのが、アクティブラーニングの要諦なのです。

また、進め方のノウハウなども、今はたくさんの書籍が出版され、ネットの上にブログや動画で紹介されていますから、昔と比べて、ハンディキャップは限りなく小さくなっています。

高知県いの町は、「ほめ言葉のシャワー」などコミュニケーション教育の実践で知られる菊池省三先生を教育特使に任命して、町内の小中学校におけるアクティブラーニングの普及・深化を図っています。島根県海士《あま》町、秋田県五城目《ごじょうめ》町、富山県氷見《ひみ》市、香川県小豆島《しょうどしま》町など、地域特性を活かしたさまざまな取り組みが行なわれています。

あなたの住む地域で、どんなアクティブラーニングが可能なのか、ふさわしいのか、国内外の事例を参考にしつつ、ぜひオリジナルのプランを創出していただければと願っています。

†Q9　ALの人材だと、企業から嫌われないか？

「アクティブ・ラーナー」を嫌う企業には、入らない方が良いでしょう。つまり、社員は上司の言うことを唯々諾々として聞くだけで、提案もしなければ、工夫もしない。そんな会社の未来は決して明るくありません。定型的な業務を繰り返すだけの仕事のほとんどは、ＡＩや自動機械に代替されていくでしょう。ＡＩやロボットの学習能力の方が、人間よりも優れている場合だってあります。

持続的な発展をとげていく企業は、アクティブ・ラーナーの採用に力を入れるばかりでなく、入社後も一人一人の社員が能動性を発揮することを奨励しています。人間は「人間しかできない仕事」をする、という原則が、これからの社会ではますます当然とされていくのです。

今後は、お堅いと言われてきた公務員や金融機関であったとしても、旧来型のペーパーテストで測定可能な力が採用や昇進昇格に占める割合は低下していくことが予想されます。むしろ、新しい選択肢を生みだす力、他者と協働する力、挑戦し続け改良し続ける力、など、アクティブラーニングを通じて涵養される能力が重視されていくでしょう。

Q10　コーチングとALは何が違う？

Q7の質問に対する答えの中には、親が子どもに対してコーチングする会話例を紹介しました。学校でも、家庭でも、子どもがアクティブラーニングに積極的に取り組むためには、教師や親が子どもをコーチングすることがとても効果的です。

本書は、コーチングについて、詳しく解説するのが目的ではないので、ごく簡単な説明にとどめておきましょう（日経文庫『コーチング入門　第2版』をご参照ください）。コーチングとは「一人一人の自発性と可能性を引き出すコミュニケーション」で「傾聴、質問、承認などのスキル」を駆使して、望ましい行動を促していくものです。たとえば「勉強しなさい」と命令すれば、子どもは、勉強するふりをするかもしれませんが、「自ら勉強しよう」とは思わないものです。

従って、子どもが「アクティブ・ラーナーであることに気づく」のをサポートするためには、親や教師自身が、アクティブ・ラーナーとしてのお手本を示すのが第一。今、この本を熱心に読んでくださっているあなたは、すでに、読書というアクティブラーニングのモデルになっています！ 親が楽しそうに、いきいきと何かに取り組む、あるいは、夢中になって打ち込む姿を見せることは、子どもたちに良い影響を与えると考えています（お酒、たばこ、暴力、ギャンブルなどはいけませんが）。

親御さんがコーチングを勉強するのは、特におすすめです。お子さんの成長や進歩を見逃さずにほめるポイントとか、詰問で黙らせるのはなく効果的な質問で意欲を引き出す秘訣とか、お子さんのアクティブラーニングを応援するコミュニケーションの技を、ぜひ、磨いていただきたいものです。

Q11 0歳からできることはある？

もし本書を読んでいる方で、乳幼児のお子さんが周りにいらっしゃれば、ぜひ、じっくりと観察してみてください。本来、「人間はアクティブ・ラーナーなのだ」ということを実感していただけるはずです。

目が見えるようになれば、動くものに注目してじっと見つめ、それが何かを知ろうとします。小さな手で、指で、ふれるものの感触を確かめ、場合によっては、それを口に運んで、唇や舌でその正体を確かめようとするでしょう。

外から音が聞こえれば、そちらの方向を向き、犬の鳴き声や車の音をマネしようとするかもしれません。ハイハイができるようになれば、興味関心をもった対象に接近をはかり、さらに詳しく知ろうとするものです。

「外界を認知し、自らの特質を活かす形で、適応する」ことが、「学習」の本質であり、その行動特性は0歳児の段階からいかんなく発揮されています。ですから、0歳の子どもをアクティブ・ラーナーにするために、何か特別なことをする必要はまったくありません。安全を確保した上で、生まれながらにしてアクティブ・ラーナーである乳幼児の行動を、見守り、観察してみることを強くおすすめします。

†Q12 ALをする「できの悪い学校」と、旧来の受験名門校では、どちらがよい？

お子さんの学校選びは、親御さんの心を悩ませる大きなテーマ。自分が子どもに代わって勉強するわけにはいかないので、せめて最高の学習環境を整えてあげようという親としての責任感が最も顕著に表れる場面です。

結論から言うと、お子さんご自身が選ぶことをおすすめします。この質問で上がっている2種類の学校も、将来「アクティブラーニングをやっているできの良い学校」や「独自のアクティブラーニングをやっている名門校」へと進化する可能性があり、一概に言えないからです。

一般に、進路を決める際に、噂や伝聞、イメージ、そして、進学・就職データなど、数字に表れる表面的な情報で決めてしまう傾向があるのですが、これは大変、危険です。

実際に、候補にあがっている学校に足を運ぶこと、「オープンキャンパス」「ウィークデー・キャンパス・ヴィジット（WCV）」など、その教育機関の授業の進め方や教師の関わり方などを、つぶさに見学し、五感を駆使して雰囲気を味わうことを強くおすすめします。

わが子の適性や将来進路に完璧にマッチした学校は存在しないかもしれません。しかし、相対的に一番、ふさわしい学校を選ぶことは可能で、それは、親の持つ判断基準ではなく、お子さん自身の感覚に合うかどうかが、最も重要なのです。そして、わが子の学ぶ力、選ぶ力に信頼を置くことこそが、親が果たすべき責任なのではないでしょうか？

†Q13 ペーパー試験で良い点数で入るのと、AO入試で入るのと、どちらがよい？

この質問に直接お答えする前に、まず大切な前提があります。入試の入りやすさで大学を選ぶのは間違いです。はっきり言います。これはやめましょう。

進むべき大学は、公開されている偏差値ではなく、各校の教育内容がお子さんの将来進路と合致しているかどうかで選ぶのが基本です。高校の進路指導の先生の中には、いまだに、その生徒の偏差値を基準にして、合格判定Aの中でいちばん偏差値の高い大学を勧める方がいらっしゃいます。

「君の場合には、5教科の偏差値が58だから、国立○○大学の経済学部に行けるし、3教科だと60なので、私立△△大学の法学部にも行ける」みたいな「指導」が行なわれているというのです。この生徒が、経済学部を卒業して何を目指すのか、法学部を受けて何を学びどんな人生を送るのか、ここを問わずして、進路指導とは言えません。

高校生が未来を見通すのは非常に難しいこと。何学部で何を学べばよいか、しっかりとした展望を持つことは至難の業かもしれません。しかし、社会のトレンドを見きわめ、本人の適性や好きなこととすり合わせる努力を惜しまないことだと考えます。

そのために、現在、多くの大学がオープンキャンパスやウィークデー・キャンパス・ヴィジットを開催しています。高校生が、模擬授業や体験実習などに参加することで、大学での学びに関して具体的なイメージを持てるだけでなく、パンフレットやネットではわからないキャンパスの雰囲気なども味わうことができます。

元の質問に戻りますと、ＡＯ入試か、ペーパー試験か、は、本人がどの大学で何を学びたいかが決まってから、その大学が実施している入試方法の中から選ぶことになるでしょう。その場合には、本人が強みを活かせる得意な方法で受験すれば良いでしょう。入学後の有利不利はありません。

「ＡＯ入試で入学した子は学力が低い」という「都市伝説」がまことしやかに囁かれることがありますが、私の知る限り、信頼に足る実証データは見たことがありません。もし仮に、「ＡＯ入試で受験し入学した学生」と「ペーパーテストで受験し入学した学生」の間に、ペーパーテストの点数で統計上の有意差があったとしても、それは得意分野の違いに他なりません。前者には、ペーパーテストでは測定できない強みがあり、それが社会に出た時に高く評価されることだって大いにありえます。

ただ、一般に多くの大学では、ＡＯ入試の方が早い時期に実施されるので、高校3年生という貴重な時間をどう使うか、という方針により、「受験方式」ではなく、「時期」を選んでもよいでしょう。

日本では、まだ「ギャップ・イヤー」が導入されていませんが、高校3年の秋に大学合格が決まった場合、その後の約半年を最大限活用して、海外体験を積んだり、語学やプログラミングをマスターしたり、大量の読書をしたり、ボランティア活動に打ち込んだり、一人暮らしの準備をしたり、と、個々の特性に合ったプランを立てることが可能です。

他方、筆記試験を目標に、2月、3月まで受験勉強を継続することで、高校教育までの内容を深く理解することが大切だと考える方もいるでしょう。ＡＯ入試や推薦で大学合格が決まった後、「つい遊んでしまった」「もったいない時間の使い方をした」と述懐する高校生が多いのも事実。

どちらが良いかは、本人の志望、特性、進路などにより、一概に言えませんので、総合的に判断することになります。

†Q14 AO入試で入ると就職の時に不利？

本書執筆時点（2016年6月）では、これは「都市伝説」とは片付けられない面もあります。たとえば、経済評論家の山崎元氏はこのように述べています。（「現代ビジネス」2016年6月10日「「偏差値が低いと仕事もできない」ってホント!? 〜10ポイント差を逆転するためには、この5つのどれかが必要」http://gendai.ismedia.jp/articles/-/48868?page=2）

「まず、上位校の学生は人気企業の就職において有利である。有利である理由は、大学入学時点での学力が優秀である者の方が、業務の処理能力が高く、また目標の達成意欲も旺盛な「傾向」があると、長年の経験から採用側では思っているので、出身大学によって学生を選別する傾向があるからだ」

彼自身は、1958年生まれで東京大学経済学部入学。1981年に同大学を卒業後、三菱商事入社。以後、12回の転職（↓野村投信↓住友生命↓住友信託↓シュローダー投信↓バーラー↓メリルリンチ証券↓パリバ証券↓山一證券↓第一勧業アセットマネジメント↓明治安田生命↓UFJ総研↓2005年、楽天証券経済研究所客員研究員：Wikipediaより）という経歴の持ち主です。

山崎氏は、こうした「人気企業」で、求められてきた「業務の処理能力」と「大学入学時点での学力」とが相関していると考えています。彼の世代では、山崎氏が華麗なる転職を遂げてきた金融系の企業の中に、こういう考え方の人が少なからずいることでしょう。

しかし、これらの企業が日本の「典型的な会社」では決してありません。我が国の企業の99・7%は中小企業であり、そうした会社の現場では、IQの高さよりも、EQ（心の知能指数）の高さが「仕事のできる人」の条件であることがむしろ多いのです。また、金融業界で栄枯盛衰が激しかったことを鑑みると、こうした「大学入学時点での学力」の優秀さが、現代社会、未来社会で重きをなすかは大いに疑問です。

日本経済の大きな流れとしては、「大学入学時点でのペーパーテストで測定できる学力」が、就職の際に判断材料として占める割合は低下しており、AO入試で評価される多面的な資質が採用選考の際にも重視され、また、その後の社会での活躍にも大きな影響を与えていくだろうと私は考えています。

「学び」の方法に正解はない　山内太地

第3章では、アクティブラーニングに対して、多くの人が感じる「素朴な疑問」「今さら質問しにくい質問」について、本間正人先生に回答していただきました。これからの教育で起きる大きな変化に、保護者として、あるいは教員として、どのように意識改革をし、子どもたちへの接し方を変えていくべきなのか。ヒントになる部分がたくさんありました。

まずは、

「勉強は、やらされるもの」

「勉強は、先生（だけ）が教えてくれるもの」

という意識を、親や教師の方から捨て去ることです。もちろん、高大接続システム改革の流れの中で、学校も塾も、アクティブラーニングを大幅に取り入れた教育をしてくれるでしょう。でも、それを一方的に受動的に享受するのが子どもたちの学び方ではありません。能動的に学ぶ力は、教員ばかり鍛えても仕方がありません。お子さん一人一人が身に付けるべきものだからです。もともと、赤ちゃんの頃には誰もが持っていたはずの自発的、能動的に学ぶ力が、長い間の受け身の学校教育で損なわれています。それを、取り戻すのです。

「どうせ自分は頭が悪いからダメだ」「勉強が嫌い」「やる気が出ない」「有名な学校じゃないからダメだ」と、今までの教育で思い込まされている子どもたちに、そうではないのだと私は声を大にして訴えたいと思います。たとえば、「数学が苦手」なのではなく、「数学の点数が低い」だけなのです。「数学をやらなければいけない」ではなく、「どうしたら数学が楽しくなるか、自分で考える」のです。一方通行の講義形式の授業の弊害を克服しようとする動きは、学校教育の現場で確かに始まりました。

次は、教育を受ける側が、「黙って聴く」だけではなく「能動的に学ぶ」に価値を転換すべきなのです。そう、まずは親自身が、能動的に学ぶ姿をお子さんに見せること、一緒に学ぶことです。親子で、ご家庭でできることは、いっぱいあります。何よりも、お子さんだけがいい大学に入れる、いい会社に入れるのがゴールではなく、親御さんご自身が、アクティブラーニングを実践し、自分自身の人生を豊かに生きることです。日本人の多くが、能動的な学びを身に付けていないがために、積極的に行動できません。「会社にいわれたことをやる」人になっています。どうしてそれで、子どもたちが能動的に学ぶ手本になれるでしょうか。

「正解は一つではない」「必ずこれが正解というものがない場合もある」「他人と協力したり、互いに対話をすることで、問題を解決する」「多様な価値観を許容する」。まず私たちが、今日からそれを心がけましょう。

†何が起きるのかわからない時代こそ、過去や先人に学ぶ

こうした大きな教育改革があると、対策本、マニュアル本がたくさん出てきます。「こうすれば東大に合格する」「うちの子はこれで全員東大に入った」という本がたくさん出るでしょう。よく売れるものもあるでしょう。それらを否定はしません。しかし、それだけが正解なのかどうかです。

たとえば東大には、芸術学部がありません。美術や音楽を専門に学び、それを職業にしたい場合は、東京芸術大学など、芸術大学に行く人が多いでしょう。売れている漫画家やイラストレーター、ゲームのシナリオライター、YouTuber、Instagrammerなら、学歴すら関係ありません。本人の才能や努力、発想の世界です。こうした人は、「言われたことをこなす能力」ではなく、「自分で考えてつくりだす能力」に長けています。それは一般の人にも今後は求められる力です。東大には歯学部もありません。歯学部の受験の最高峰は大阪大学、首都圏だと

東京医科歯科大学の歯学部だとされています。

早稲田も慶應も芸術学部はありません。文学部で学問として芸術学や芸術史は学べますが、音楽や美術の実技で専門分野を究めることはできないのです。本来、子どもたちには無限の可能性があるはずです。それが、日本の大学の学部構成の都合で、限られた大学の限られた学部にしか進学できないのは、実は子どもたちの可能性を狭めているのかもしれません。本当は芸術家になりたいのに、勉強ができるから本人の意志とは関係なく医学部に入る人もいるでしょう（芸術的素養を持つ医者になるという人生もありますが）。

私が取材してきた米国のアイビーリーグの各大学では、「ダブルメジャー」「メジャー&サブメジャー」といって、2つの専門分野を学べる大学が多くありました。哲学とコンピュータサイエンス、物理学と音楽といった、日本の大学では関係がない学部とされるものを、横断して2つとも学ぶことができるのです。

日本にも学際系学部と称する学部はありますが、実際には学べる領域は限られており、特に理工系や芸術系は充実しておらず、学際系と称しても実際には社会科学系の学びが中心であり、理工系や芸術系のような実験、実習設備が整っていない大学も残念ながら多くあります。未来を生きる若者たちの変化や多様性に、旧態依然とした多くの大学は対応できていないのです。

だから、これまでの価値観にとらわれた大学が何でも与えてくれると思ってはいけません。

高校までの学校も同じです。学校が、塾が何とかしてくれるではないのです。アクティブな学びの究極の到達点は、個別の学びです。一人一人がどう能動的に学ぶのかが大切なのであって、似たような学力の生徒・学生を囲い込んで一斉に同じ内容を学ぶ、学校というシステム自体が、江戸幕府みたいな、古くて終わっているものなのかもしれません。

でも、まったく価値がない、学校に行ってもしょうがないというつもりはありません。もちろん、人によっては学校に行かないで学ぶ選択もあります。

ただ、学校で学ぶという教育システムそのものが完全になくなる日は、さすがにすぐには来ないでしょう。ある程度強制された、決められた枠の中で社会性を身に付ける意義もあります。最初は、親や先生に習う、まねることで、学び方を覚えていくことも大切です。そのうえで、能動的な学びがあります。何が起きるのかわからない時代こそ、過去に、先人に学ぶことが重要です。幸いなことに、高校までの教育で私たちが習うことは、過去の誰かが解いてくれたことです。社会の仕組みの成り立ちや歴史の教訓を知る、理科や数学で科学の謎を解く、国語や英語で様々な文学に触れるなど、幼い、若い、教育を受ける時代に、基礎学力や基礎的な知識を身に付け、学問の土台を作ったうえで、能動的な学びで新しい価値観を創造していくのです。

†基礎学力あってのアクティブラーニング

基礎知識や学問の蓄積もなしに、いきなりディベートをしても議論は深まらないし、論文も書けません。ですから私は、知識なしにアクティブラーニング型の授業をすることに疑問を持っています。おそらくそれでは何も身に付かない。まずは、ご家庭で読書など学習習慣を付けて、そのうえで、学校の予習復習を自発的にやること、さらに学校の教室でのアクティブラーニングがあり、その先に能動的な学びから創造への昇華があります。自分の夢やあこがれを実現するだけではなく、その能力を他者のために、世界のために活用する公共性が必要です。今日から親ができることは何か？　いろいろあるはずです。本書でも触れていますし、他にも情報はありますが、大切なことは、

「自分で考える」

「自分でやってみる」

という「能動的な学び」を、親が、先生が、大人たちが実践し、自ら変わっていくことです。この後の第4章、第5章では、そのためのヒントとして様々な高校と大学の事例をご紹介しますが、それが正解ではありません。あくまでも情報にすぎません。それを参考に、新たな学び

の姿をご自身で創造してください。

第4章　高校生までにできること

高校生が寝ない授業とは

私は、年間100校ほどの高校で進路の講演をしています。テーマは「将来の進路の選び方」です。主に大学受験の話ですが、就職やグローバル化、最近では人工知能（AI）に人間は仕事を奪われるのか？　といった最新の話題も盛り込み、高校生が退屈しないように工夫しています。私は高校教員向け研修や、保護者向け、大学教職員向けなどでも、多くの講演をしていますが、高校生は、一番厳しいお客様です。大人は、つまらなくても我慢して聞く人も多くいます。ですが高校生は、つまらないと寝たり、友だちとおしゃべりするなど、あからさまに「聴く態度」ではないからです。これは、話を聴けない高校生だけが悪いのではなく、講師の力量の問題だと私は思います。

高校に講演に向かう場合、多くは会場は体育館です。生徒たちは体育座りをして待っています。講演は「総合的な学習の時間」や「ＬＨＲ（ロング・ホームルーム）」を活用することが多く、時間は50分か60分、長いと90分などで、1学年３００人程度のことが多く、いわゆる「一方的な大規模講義」です。どう考えても高校生は寝ます。起きていても、内容が退屈なら、しゃべり出す。そんな生徒を、教員が怒鳴って注意する高校もありますが、仕方がないこととはいえ、怒鳴られると、講師であるこちらも気持ちが萎縮してしまいます。

そこで私は、取材した大学や高校の最先端の授業の取り組みを多く取り入れ、何百人もの生徒を対象とした一方的な講義でも、飽きられない方法を、日々改善しながら模索しています。

まず、体育館に３００人集められ、クラスごとに並び、進路の話を1時間聴くということで、生徒の多くは「つまらない話を聴く、苦痛の時間」だと覚悟をしています。そこで私は開口一番、「偉い人の話は、なぜつまらないか」という話をしています。

――今まで皆さんは、小学校、中学校、高校と順調に成長してきたわけですが、どうして体育館で聴く偉い人の話はつまらないんでしょう。その理由は2つあります。まず、話す側の問題です。偉い人は、「自分が話したいこと」を話します。それは「みなさんが聴きたいこと」とは必ずしも一致していません。だから、つまらないのです。ぜひ、皆さんは大人になったら、「お客様や、上司や、患者さんは、何を求めているのかな?」と、「相手が聴きたいこと」を意識しながら、人前で話してください。そうすれば、相手は寝ないでしょう。

もう1つは、皆さん聴く側の問題です。たとえ、眠い、つまらない講演や授業でも、これからは、ある工夫をしてください。それは、「質問することを前提に聴く」ことです。ノートにメモを取るのもよいでしょう。そうすれば、講義の最後に、手を挙げて質問ができますね。「質問ある人?」と聞かれて、誰も手を挙げない、あの痛い空気。それはもう終わりです。今日の講演の最後に、質疑応答をします。必ず、それまでに、私に質問したいことを考えておいてください。そして、全員、手を挙げてください。全員、当てます。

一部の変わり者だけが手を挙げる質疑応答は盛り上がりません。300人の生徒全員が、「将来の進路は自分の問題なんだ」と考えてほしい。そう思い、私は、「全員が質問を考え、手を挙げる、全員が当たる可能性がある」と最初に宣言します。これで、講演を聴く姿勢が始めから違います。もちろん、ここまで仕込んでも、手が挙がらない場合が多くあります。そんな時には、隣の人たちと数分間、自由に話してもらい、代表者が質問をするのでもOKにしています。これはこれで、生徒同士で話しながら学ぶ機会になります。

生徒が講演で寝ないために、できるだけ講演内に、生徒自身による能動的な学習を取り入れ、より高い学習効果や満足度をもたらしたい。おかげで、全国の高校から、私には講演依頼をいただけるようになりました。ただしこれは、普段の先生の授業ではなく、一種のショーにすぎません。高校で行われている取り組みの中に、もっと皆さんの学習に役立つヒントがあります。

†近畿大学附属高等学校・中学校のｉＰａｄ教育

生徒全員がｉＰａｄを持っている近畿大学附属高等学校・中学校を取材しました。岡崎忠秀校長、谷和人事務長、そして主役のＩＣＴ教育推進室室長・乾武司先生にお話を伺いました。

近大附属高校は生徒数３０００人、１学年１０００人で24クラスもある、全国３位、西日本１位の巨大高校です。近大附属中学も生徒数８５０人の大きな学校です。この全員に２００人の教職員を加えた約４０００人が全員ｉＰａｄを持って日常的に活用しています。値段は７〜８万円（関連費用込み）で64ギガ、生徒は学校仕様にキッティングしたものを個人負担で購入します。なおＩＣＴとは、インフォメーション・アンド・コミュニケーション・テクノロジーの

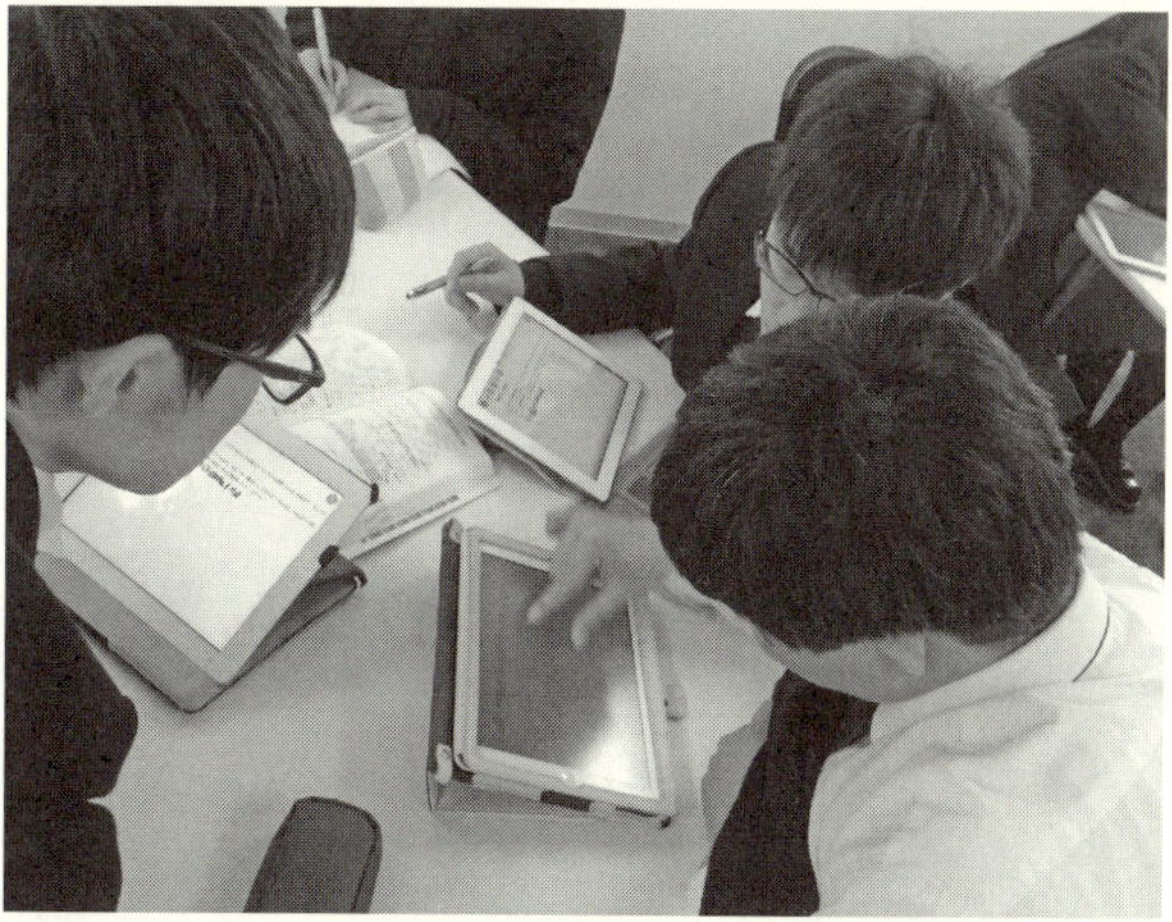

生徒も教職員も1人1台iPadを持つ（写真提供：近畿大学附属高等学校・中学校）

略で、つまり情報通信技術のことです。

情報管理システムとして、教職員用グループウェア、生徒用ポータルサイト「サイバーキャンパス」、校務学績管理システムの3つがあり、教職員用グループウェアと生徒用のポータルはクラウドシステムで学外からでも利用できます。この2つは外部サーバです。iPadにNHK高校講座の映像ライブラリーが入っており、生徒は理科4科目の実験動画も見ることができます。学校や先生からの生徒へのお知らせもすべてiPadに送られます。

このため、ほぼすべての生徒の家でWi-Fiを入れてもらいました。学校の膨大な紙文書はPDF化されペーパーレスを実現、しかも

ｉＰａｄに保管されるのでなくしたり忘れたりしません。当然ＰＤＦも溜まりますが、生徒が自分で整理するようにと勧めています。

生徒同士や、先生と生徒、先生同士のメールのやり取りも認めています。管理者が全部チェックできるので、トラブルが起きることはほとんどないとのこと。「学校の廊下での会話みたいなもの」と乾先生。変に禁止するから、水面下に潜ってしまう。むしろ生徒に自由に使わせるほうが安全なのだとか。

アプリをダウンロードすれば、ｉＰａｄでＬＩＮＥも使えます。これも禁止していません。ＭＤＭ（モバイル・デバイス・マネージメント）により、どの生徒がどのアプリをダウンロードしたのかが先生にわかるようになっています。

高校のプリンターやコピー機をリプレースのタイミングで複合機に替え、紙資料をスキャンしてＰＤＦ化して「サイバーキャンパス」に入れるようにしました。データベース化です。これで、授業で使う教材は、紙のプリントからデジタル教材にすることができます。しかも、生徒同士や、先生同士で共有できます。一瞬で、クラス全員や全校生徒に同じ教材が配れます。「ノート、えんぴつ、ｉＰａｄで、図書館でも廊下でも家でも体育祭の最中でも、どこでも勉強できる」（岡崎校長）。

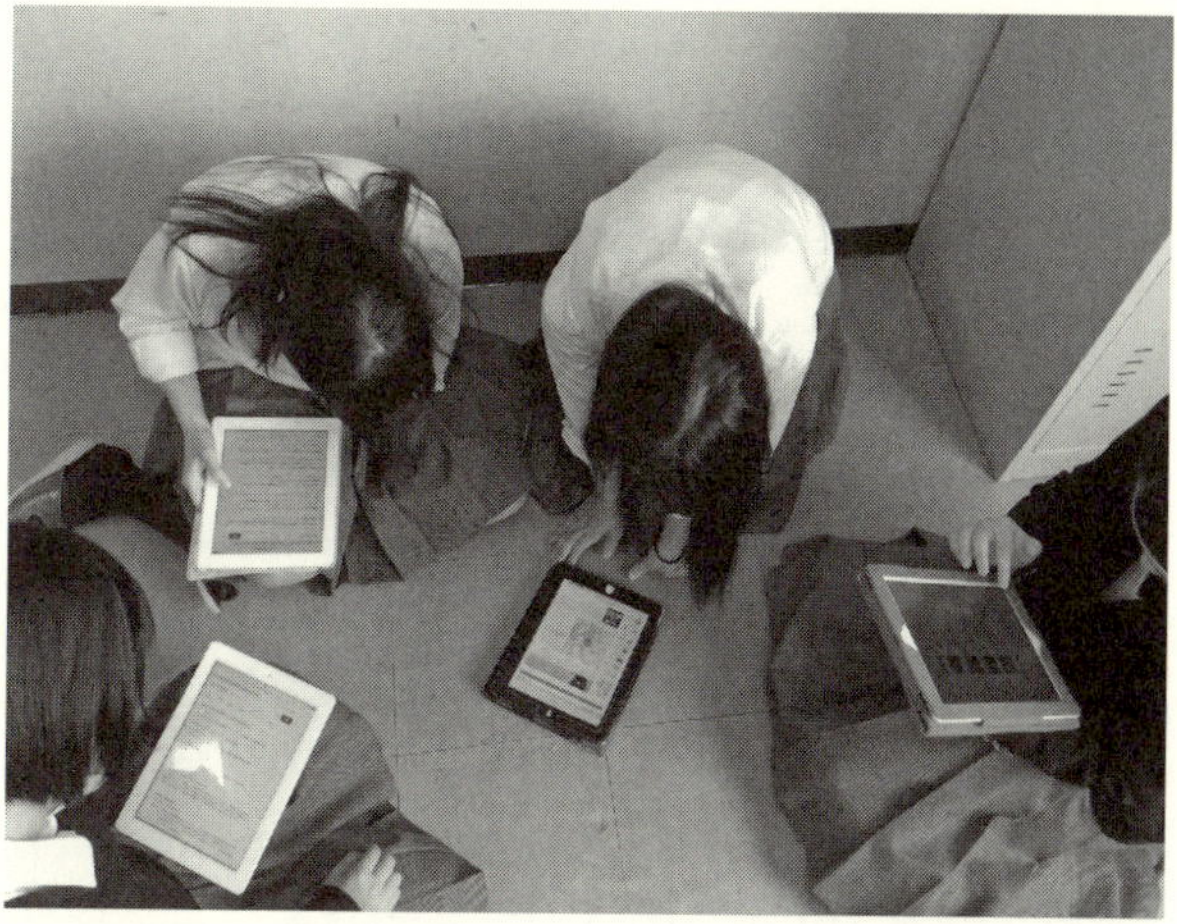

iPad があればどこでも勉強ができる（写真提供：近畿大学附属高等学校・中学校）

授業も変わりました。黒板の板書も、前もって生徒に書いたものを配付しておけば、生徒が予習できます。事前に確認テストまでiPadで済ませて、教室ではディスカッションや調べ学習、協働学習などのアクティブな学びが可能です。授業が効率化され、余裕をもって進めることができるようになりました。テストの模範解答や解説もiPadで配ります。PDFに手書きで書き込めるソフトもあるので生徒は配布物にiPad上で記入もできます。家に帰ってからも、数人の生徒がネット上でつながって、各自の自宅にいながら友達同士でグループ学習をするようになりました。文集やクラス通信もデジタル化しました。

乾先生は、生徒の「情報収集力、発信力、表現力」を育成したいと言います。芸術作品を作ったり、プロジェクト学習に応用したり。日頃、お弁当をつくってくれる親に感謝して、親に弁当をつくる「親孝行弁当プロジェクト」をやった時も、全員の弁当や文章が画像で共有できます。作品集もつくりました。「カラーコピーして数千人に配るわけにはいきませんからね」(乾先生)。こうして、生徒が自分たちで作成したものを相互評価、自己評価するようになりました。さらには、今まで目立たなかった、パソコンやネット、映像作成などに詳しい生徒が、クラスのスターになるようになりました。

「iPadを日常で使う新たな文房具にしたい。生徒は未来から預かった留学生、IT機器は自由自在に使えないといけない。大人の理屈で規制、禁止なんてありえない」と岡﨑校長は言います。よその教育関係の偉い人たちに、この発想があればいいのに。黒板に書くことは事前に予習できているので、授業は生徒同士の双方向になり、わかる子がわからない子に教えるようになりました。体育祭でも文化祭でもiPadを自由に使わせて、生徒が自分で使い方を学ぶようにしています。一人一台で、貸与ではないので、自分仕様にカスタマイズできます。

「生徒が自分で24時間使うタブレットに管理は似合わない。学校とは、失敗やリスクをおそれるものです。しかし、成功と、もたらす効果の大きさを考えたとき、管理しすぎるという選択は存在しない」（岡崎校長）。生徒が勝手に探してきた「水兵リーベ」という元素記号暗記用アプリを、みんなで共有し導入しました。

†「放牧する」勇気

生徒の能力、発想は無限であり、学校側は最低限のルールだけ。生徒の邪魔をしない。生徒のICT委員がルールを考えたり、自分で行動したりもしているそうです。スマホは学校内では電源を切る。「iPadで調べればいい」（乾先生）。学校は知識を扱う場のはずなのに、制限が多すぎて知識にアクセスしづらかった。「今までの教育の限界は、学校で教える知識が、先生個人の知識だけだったことだ」（岡崎校長）。そこで近大附属高校では、生徒が自分で調べるだけではなく、200人の教員も、自分のベストだと思う授業をやり、それを全員がiPadで共有することができる。教材のマルチメディア化、教え方の多様化です。

教材や授業法が共有されることで、教員にとってある意味で恐ろしい変化が生まれました。自分の授業力が、生徒によって、他の先生と露骨に比較されるのです。「ほかのクラスのほうが、面白い授業をやっている」と言われかねません。しかし、岡崎校長は意に介さない。「どんどん新しい教育法を、生徒には学ぶ喜びを、教員には教える喜びを持ってほしい。生徒はアクティブラーニングですが、教員はいわば『アクティブ・ティーチング』なのです」（岡崎校長）。ICTの導入は、必ずしも教育力の向上ではない。iPadは単なる道具にすぎない。使い方の問題です。

今までの学校は、「チョーク&トーク」の授業だけだった。iPadの導入で、自律的、共同的学習が促進された。「黙って授業を受けるのが教室」の時代は終わった。教室は生徒が集まる場。「じゃあ、何をしようか?」と、ディスカッションしたりできるのが、教室での授業。生徒はiPadでiTunesUとiBooksが使える。全世界の大学の講義資料や動画が手に入る。一人一人が、自分がしたい勉強を、どこまでも勝手に探求できる。そして、教室では、それを生徒同士や先生と学び合う。「僕はこれを『放牧』と呼んでいます。規制は教師の限界です」（乾先生）

もちろん、教師側が目的を見失わないことも重要だ。「生徒には、受け身ではなく、自分で調べる、学ぶ喜びを知ってほしい」と乾先生。岡崎校長は、「学校というのは、それ自体、生徒にはストレスの場である」と言う。「それを変えていきたい。生徒を自由にして、もっともっと膨らませたい」。

私は近畿大学附属高校を取材して、いかに今までの「学校」が、子どもたちを管理しすぎていたのかを痛感しました。もちろん、厳しい校則で社会のルールを教えることが必要な場合もあるでしょう。しかし、スマホやＩＴ機器まで一括で禁止して、従来型の受験勉強ばかりしている高校に、未来はあるのでしょうか？　保護者や教員も、子どもの可能性を信じ、「放牧」する勇気が必要かもしれません。

†タブレットを利用した協働・共有型学習――千葉県立袖ヶ浦高校

アクティブラーニングの成功事例として喧伝される高校の多くが、もともと学力の高い進学校です。基礎学力が身に付いてこそ、アクティブラーニングは成功するとも言われます。しかし、すべての子どもにアクティブラーニングによる学びの可能性はあるはずです。そこで、いわゆる進学校ではない先進事例として、専門学校進学や就職希望の生徒も多い、千葉県立袖ヶ浦高校の事例をご紹介します。

千葉県立袖ヶ浦高校には情報コミュニケーション科というユニークなクラスがあり、学科主任の永野直先生を中心に、「一人一台タブレットを利用した協働・共有型学習」をしています。

この高校では、生徒は一人一台ｉＰａｄを各自で購入します。教室では電子黒板も活用し、教員や生徒の各端末の画面を映したりしますが、すべての授業をデジタルに置き換えたわけではなく、通常のノートも使います。ＩＣＴ機器が社会や家庭に浸透しましたが、学校や学習活動の中ではまだまだ普及していません。ＩＣＴの力を教育の中に生かす取り組みは道半ばです。コミュニケーション能力やＩＣＴを活用した問題解決力などをつけることは、ただ先生の言うことを聞いてノートに丸写しするのではなく、自分で調べ、まとめ、表現し、発表をする生徒を育てます。それは、未知の問題に対応していけるようにするためです。

永野先生は、この教育により、生徒が変わってきた、先生も変わってきた、学校全体が変わってきた、授業の雰囲気も変わってきた、と言います。今までのチョーク＆トーク、先生の知識を伝える授業もやっていますが、そういった、教員から生徒へ、だけではなく、生徒から教員へ、生徒と生徒同士、教員同士、さらには地域、家庭、産官学と、学びの場を教室の外へ広げていく動きが起きているそうです。

たとえば家庭科の授業では、先生が自作の裁縫のビデオをつくり、生徒は事前に見ておきます。これを「反転学習」といい、米国の大学が発祥ですが、東大や、山梨大学工学部などでも積極的に導入され、日本にも普及しつつあります。予習として授業動画を繰り返し家で見る。教員も自費でｉＰａｄを購入し、各自で教材づくりをする。パソコンに詳しくない先生が、自分でビデオ教材を作れるようになりました。

こうした授業動画は、ネット上の共有フォルダに保存し、ビデオクリップとしてライブラリ化しているので、生徒は家でいつでも見られます。授業中に口で説明するよりも、自分たちで自習してからのほうが課題作品のできが良く、授業での作業もスムーズになったそうです。

国語の授業はどうでしょう。杜甫の漢詩を勉強し、各自で作品のイメージをｉＰａｄで表現する作品をつくる。故郷と家族を心配する漢詩だが、東京の夜景の画像をはめ込んだ生徒がいた。「なぜ？」と聞くと、「震災で東京に避難している福島の人の心情を思った」という。こういうユニークな感覚を大切にしたい、と永野先生は言います。学習指導要領では、「作者の心情を的確に表現している」ことが求められますが、国語の漢詩の授業で、ｉＰａｄがその手助けになりました。

生物の授業はどうでしょう。顕微鏡での観察結果をｉＰａｄ内蔵カメラで撮影し、花粉や細胞の写真・動画を撮り、クラウドにＵＰしてクラスのみんなで見る。これは先生ではなく生徒発のアイデアだそうです。撮影した映像を文字や矢印で編集し、授業内でスライド資料にして発表します。授業内で動画撮影、教材制作をしていく中で、生徒同士が教えあう関係が生まれたそうです。

情報コミュニケーションという独自科目もあります。自分のプレゼン発表をｉＰａｄで撮影し、確認、改善する。プレゼンの様子を生徒が互いに撮影し、自分の発表を客観的に見る。改善前、改善後を画面上に左右に並べて2ついっぺんに見るなんてこともやります。

英語の授業。英単語を生徒に分担させ、教材を作らせる。それをクラウドで集めて一つのファイルにし、授業で使う。保健の授業。薬物乱用防止について、グループでKJ法を使ってブレストし、意見を分類して整理し、複数人でカードの並べ替えをするが、その様子をiPadで写真や動画で撮影し、電子黒板を使って発表するなど、記録に残しておく。

国語と情報の授業の連携もします。生徒がオリジナルで作った俳句や詩を、マルチメディアで表現・発表する。ある生徒は画家

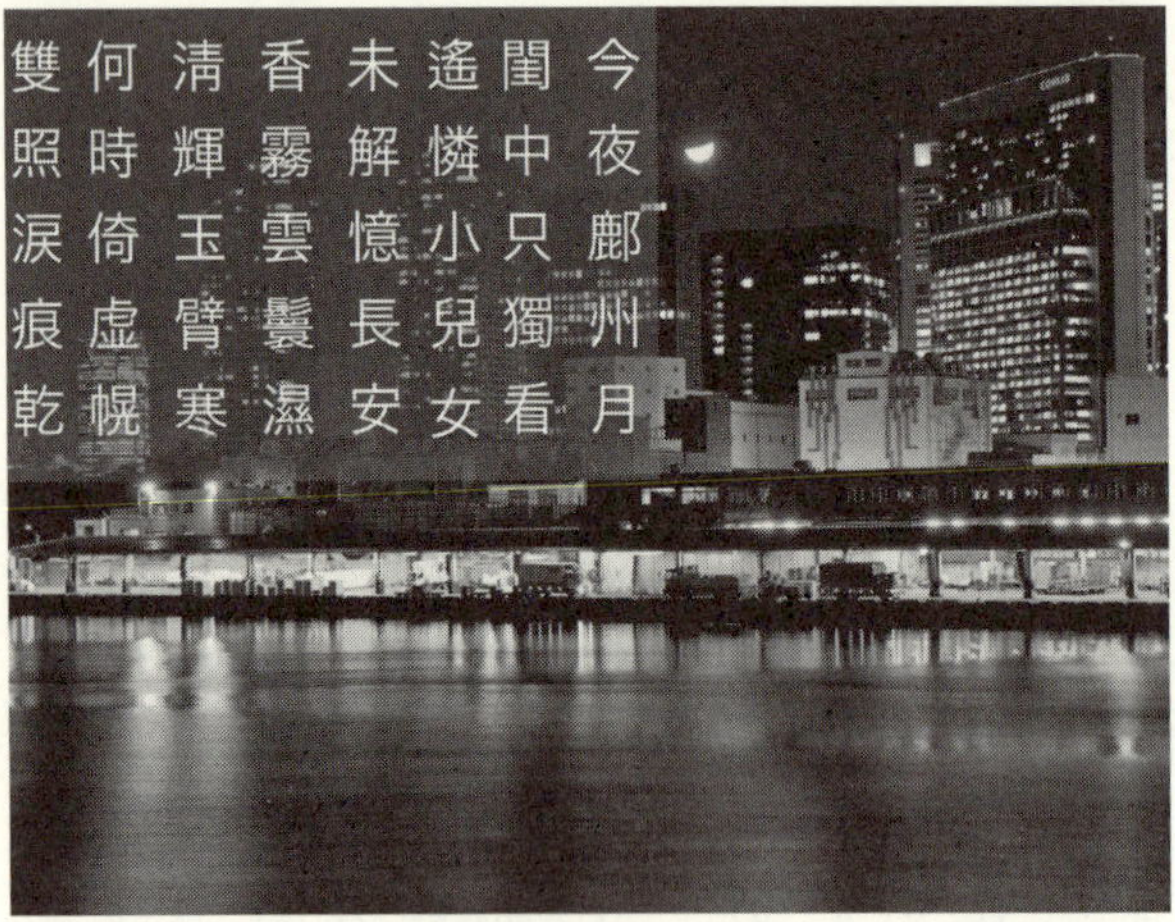

漢詩のイメージを iPad で表現（写真提供：袖ヶ浦高校）

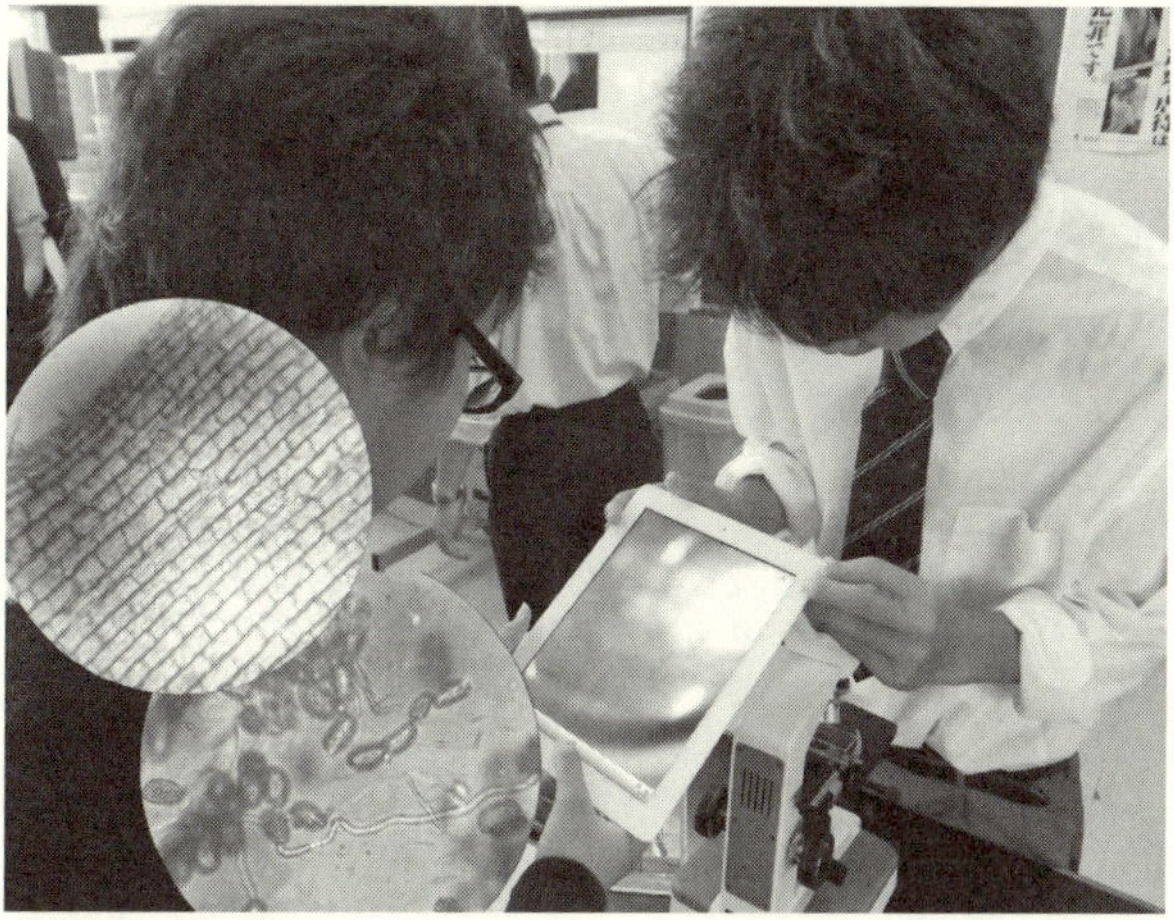

生物の授業では顕微鏡での観察結果をクラウドで共有（写真提供：袖ヶ浦高校）

のイラストを借りてきたが、著作権の授業もしたので、画家本人にメールで二次利用許可を得てきました。「私が求めていたものはこれだ」、と永野先生。「普通なら、他人の画像は使ってはいけないと禁止する指導をすることも考えられる。だが、生徒が主体的に問題解決をすることこそ、私が求めていたことだ」。

†つながる授業

生徒がｉＰａｄで体育祭を動画撮影し、編集して、中学生に見せる高校の公式ＰＲビデオにもしました。最初はつまらないビデオでしたが、つくる過程で編集能力も上がり、面白い作品になったそうです。ｉＰａｄだと撮影、編集、公開まで全部できる。これらもほとんどすべてネット上で共有しています。ネットで共有しているから、家でも学習できる。生徒が互いの学習成果を共有する。モラルやコピペ、個人情報の公開といった部分はしっかり教育していく。ただし、禁止、やらせないことが正解なのではなく、何が問題なのかということを、体験的に理解させる。ここでも、ネットやSNS、ICT機器を、禁止するのではなく、うまく活用する教育が行われています。

たとえばTwitterです。授業中に鍵つきアカウントのTwitterを活用し、授業の感想や質問をリアルタイムで書いてもらう。今までは授業の感想を紙に書いてもらい、翌週に返していたが、これでリアルタイムになりました。Twitterは生徒と職員と授業の担当者だけが閲覧可能にしています。授業中にリアルタイムでTwitterを使い、感想や質問を書き込んでもらうようにした結果、引っ込み思案な生徒が、まずTwitterに質問を書き込むようになり、しだいに、手を挙げて質問ができるようになったそうです。

情報コミュニケーションの授業では、初対面の人へのプレゼンテーションをする自己紹介ビデオもつくります。博物館での校外学習や大学での講義なども録画し、これを学校でポスターセッションします。化学の授業でも、実験の様子や観察結果を写真やビデオで撮影し、デジタル観察報告書をつくっています。

永野先生は、「生徒の変化としては、教え合い、学び合う、協働型学習が増加した。生徒のアイデアが授業に反映されるようになった」と言います。たとえば、社会科の授業では、自分で教材をつくって、生徒が生徒に授業をする取り組みも行っている。日本史で各個人ごとに各時代を担当し、授業をさせてみた。生徒は、わかりやすく伝えるにはどうすればいいかを自分で考え、工夫するようになる。人に教えることで自分が学ぶ。

教員にはどんな変化があったのでしょうか。それは、授業・教材のノウハウを共有するようになった、他の先生と連携するようになった、情報共有の活発化、活性化が行われるようになった、などの効果が出ています。アクティブラーニングの重要な点は、教える教師の側に変化を促すことです。修学旅行で沖縄に行っている校長が、iＰａｄで高校に生中継して現地の様子を報告する。あるいは、沖縄のホテルで生徒たちが夜にＰＣで新聞をつくり、その日の内に編集し、翌朝に配信してみんなで読む。高校のブログにもその日のうちにＵＰする。これらを経ることで、教員同士の交流も活発化してきました。

永野先生は、「つながる授業」だと言います。今までのようなアナログな授業に加え、生徒同士の学びなど、教室の外へ行くことも大切。教員はこれらをまとめるのが仕事になった。

iＰａｄは、生徒が各家庭で自分で購入する。「自分のものとしての愛着が湧く。レンタルの学校もあるが、他人の持ち物では使いこなせない。愛着があれば使い倒す。学習の蓄積と共有ができる。生徒は配付したプリントはすぐなくすし、1年前のプリントなど取っておかないが、これなら残る」と永野先生は言います。

教員の変化として、「人間関係の風通しが良くなった」のもメリットです。一般に、高校教員は、教科間の壁が高い。しかし、「一緒にやりましょう」と、学校全体の雰囲気が変わってきました。最初はいやがる先生もいましたが、生徒が変わっていくのを見て、先生も変わっていった。「こんなの（iPad）ダメだ」と言っていた先生が、生徒がいきいきとしているのを見て、「私もやりたい」と言い出した。

家庭の反応はどうか。高校側では近隣のすべての中学をまわって説明会をし、普通科の生徒は全員電子辞書を購入するが、情報科の生徒はその代わりにiPadを買うので両方のお金はかかりませんよと説明。理解してもらって受験しているから、親からの反対意見はないという。生徒の自主性を尊重し、「学校での充電は禁止、ゲームもダメ」。こうしたルールは生徒たちが自分で決めました。鍵付きロッカーは学校で用意しました。クラスで1つの鍵付きアカウントでログインしてTwitterに自分の名前を書いて投稿する。個人アカウントは別に持っている。ネット上でもプライベートと公共空間を区別してもらい、モラルなども体験で知ってもらうことにしている。

　私は別にｉＰａｄを高校に売り込む者ではありませんので、すべての子どもたちが使うべきだとは考えません。しかし、重要なことは、何でも禁止ではなく、電子機器との積極的な関わりを今後の教育は模索せざるを得ないということです。家でお子さんがゲームやスマホばかりでお悩みの親御さんも多いと思いますが、こうしたＩＣＴと教育の関係はどうなっていくのか。自分たちの時代とは大きく違うことに戸惑うでしょうが、まさにお子さんと同じ時代を生きるものとして、やみくもに禁じたり逃げたりせず、共存していく姿勢が求められます。正解はないのです。あるとすれば、各家庭がルールを定め、約束を守るということでしょう。

†課題解決型キャリア教育の地域移管と全員参加――岐阜県立可児高校

　岐阜県立可児《かに》高校は、岐阜県の中央部、可児市にある地域ナンバーワンの進学校で、ほとんどの生徒が国公立大学を目指します。地方創生の時代と言われる中、この高校が先進事例として注目を集めています。地域の様々な課題に高校生が関わり、大人や大学生と一緒に学び、一緒に考える。2015年度以後、そうした小規模かつ多様な場を、地域の中にいくつも設置しています。これは、地域のＮＰＯが企画・運営し、学校が生徒を送り込むもの。特に、高校1

年生は、夏休みに、全員がいずれかに参加します。市役所、商工会、地元企業、NPOなど、様々なきっかけで意欲を高めた生徒は、その後も継続して地域で大人と活動します。

可児高校の浦崎太郎先生は、進学実績を厳しく求められる進学校が、どうしてこのような地域貢献に力を入れているのかという質問に、こう答えます。

「生徒を受験だけに専念させて、いい大学に入れる。そうした傾向の強い進学校だった時代もありました。しかし、進学実績の息切れ傾向が見えるようになりました。惜しみなく勉学にいそしむ生徒が減少してきたのです。勉学に打ち込めない生徒の増加が目立ち、その場しのぎの勉強をする生徒が増えたのは、なぜなのか？　理由の一つは、「何のために勉強しているのかがわからない」ためです。そこで、「本気の大人と関わらせると、あるべき自分に気づき、覚悟が決まり、惜しみなく勉学に打ち込めるようになる（スイッチが入る）」という仮説を立てました」。

「入試実績を維持・向上するには、学習作業の管理徹底に依存するよりも、志や覚悟の確立に投資をしたほうが、より合理的である」という手ごたえを得た浦崎先生は、地域の大人たちの協力を得て、「生徒を地域に送り出す。キャリア教育を地域にゆだねる（校内のキャリア教育を縮小）」活動を始めました。地域の活動に参加した生徒たちは、大人たちと活動することで、キャリア意識や学習意欲を高めて帰ってくる。一方教師は、教科指導に専念し、一層のリソースを投入できる。高校と地域をセットで考える、「隠岐島前《おきどうぜん》高校魅力化プロジェクト」も参考にしました。

「地域課題解決型キャリア教育」と名付けられたこれらの活動は、以下のように行われています。

2013～2014年度
・可児市が主催する事業へのスタッフ参加
・防災クロスロード
・可児市職員による出前講座
・地域医療「多職種間連携研修」参加
・高校生議会（意見書提出）

様々な職種や立場の大人とともに地域課題の解決策について話し合う活動、たとえば「地域の未来を担う若者の育成に対して、当事者意識や当事者能力を持つことが難しい地域（小中学校区）の育成環境を再生するには、誰がどのように動くことが必要か？」という、大人でも意見が分かれる課題に対して、様々な大人と一緒に考える体験を通して、「正解のない課題に大人と挑戦するのは楽しい」などの声が生徒たちから上がっています。

県職員であり、頻繁に転勤を伴う公立高校の教員は、意外と自治体との関係性は小さい。そんな中で、まずは可児市役所に私的人脈を形成。次は、可児市職員有志が年休で高校生との活動に参加→可児市職員有志が公務で協力→可児市議会が公的に支援、と発展していきました。つづいて、可児高校や市議会が主催する活動に、市民団体などにも参加・協力を要請。現在は、多様な機関・団体が主催する社会教育化し、2015年度にはこれらをコーディネートするNPO縁塾が発足。近隣の市町や高校へも波及しつつあります。

「地域の活動を、高校教員が全部やるのは無理だ」と浦崎先生は言います。確かに、通常の授業や進路指導、放課後の部活の顧問など、ただでさえ高校教員は多忙です。小中学校も同様でしょう。いくら地域活動が大切と言っても、身体はいくつもあるわけではありません。それに、地域連携に熱心な教員が転勤すれば、せっかくの活動も途切れてしまいがちです。すなわち、高校と地域との連携は、学校主体ではなく地域主体にせざるをえないのです。

「大人と高校生、ごちゃまぜの場の教育効果は高い」と浦崎先生は言います。1学年282名全員が、同時に同数の大人と触れるのは難しい。だから、外部のNPOを活用し、校外に用意される小規模、多テーマの場に、学校が生徒を送り込む。「生徒と社会とをつなげることこそが学力向上、進学実績のモチベーションになるのです」。

†地域の教育力

今までの地方公立進学校は、可児高校に限らず、大学受験のために生徒を地域から隔離し、そのために地域課題に対する当事者意識が育成不全となり、高校は若者を都会へ流出させる装置でしかなく、地元自治体の人口基盤を脆弱化させ、地域の衰退に加担してきました。こうした反省から、これからの進学校は、地域に回帰し、地域課題に対する当事者意識を積極的に育成し、進学校こそ地域課題の解決に寄与する人材の育成機関であると地域に知ってもらい、地元の人口基盤を再生することで、地域再生に貢献していくことが必要です。

大学進学で郷里を去り、都会に出て行った生徒たち。一次産業の競争力が低下し、六次産業化（［農産＝一次産業］＋［加工＝二次産業］＋［販売＝三次産業］）しないと生き残れない時代に、農村部では雇用創出が困難であり、自力で起業・創業する必要があります。そのためには若者に高い実力が必要で、大学に進学する必要があるのです。

起業・創業に必要な力は、「広い視野」「高い専門性」「豊富な人脈」であると浦崎先生は言います。いちど故郷を離れ、大学などで高い専門性を身に付け、感覚を磨き、人脈をつくる。

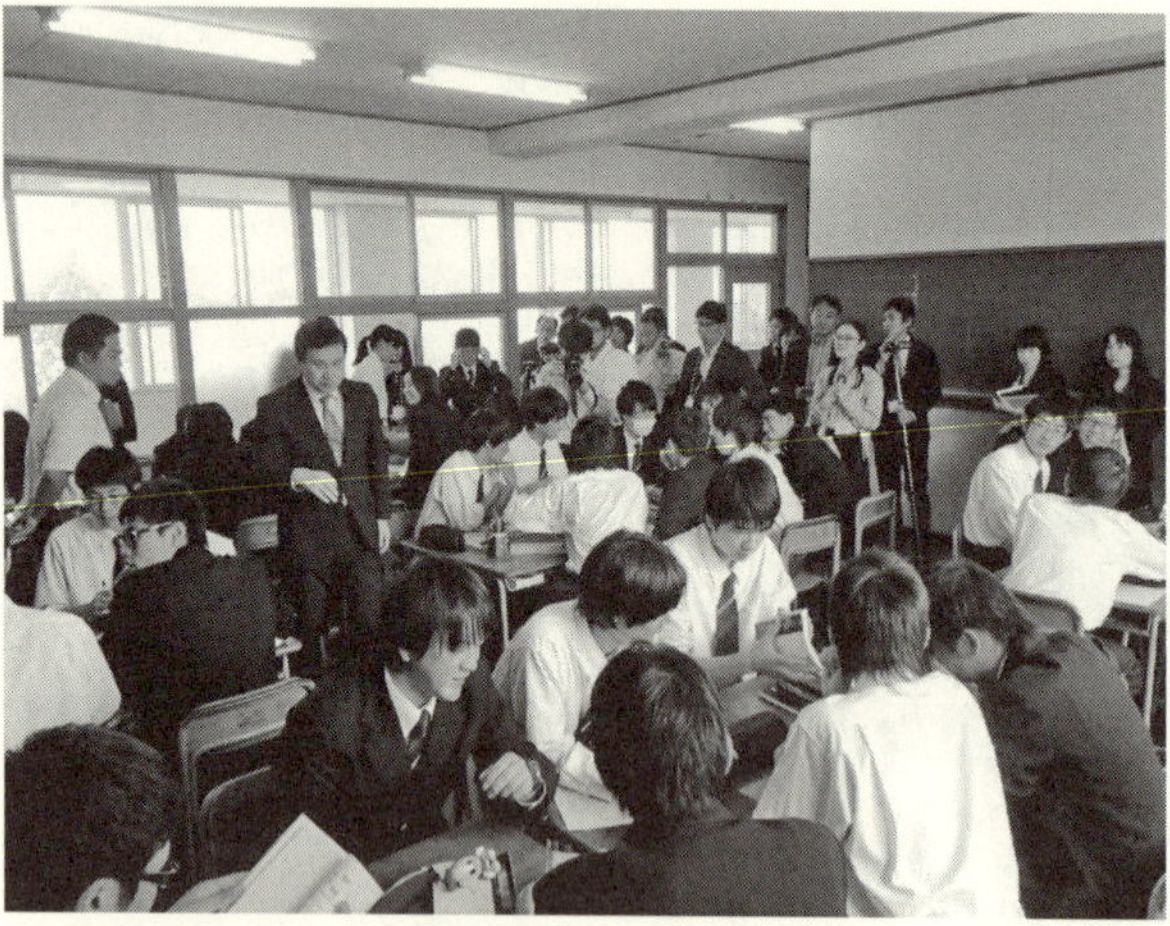

可児高校の授業は多くの教育関係者が注目している（写真提供：可児高校）

そのうえで地元に帰郷して起業・創業するのが、これからの地方の普通科高校のあり方なのだと。大学受験対策だけではなく、地域課題の発見・解決をする学習活動に参加し、地元に対する愛着や当事者意識を高揚させ、地元で生きるためのスキルに関する理解を深化させる。大学では地元で生きる実力を向上させ、社会人になって地元に帰還する際に、「地元に戻りたい、その実力も十分」な若者を増やすことが、地域の再生につながるのです。

†岐阜県立可児高校の「アクティブラーニング」

もちろん、可児高校では、地域連携の活動はその高校生活の一部であり、最重要なのが教育内容であることは言うまでもありません。可児高校でも様々な「アクティブラーニング」の授業が行われていますが、それを科目ごとに詳細に紹介するのは本書の目的ではありません。アクティブラーニングが、学校の教室の中で、一人の先生から、クラスの生徒たちに行われるのみのものではないということを、事例として知ってほしいためです。地域創生も、高校生の地域連携も、どこかの地方でやっていること、と自分に関係ないと考えるのではなく、地域コミュニティと学校や個人はどうかかわり、つながっていくか、考えていくきっかけになればと思います。

班ごとに成果を発表（写真提供：可児高校）

　学力を重視する進学校では、たとえ学力向上のためにであってもアクティブラーニングを導入するのには、入念な準備と大胆な転換が必要だと浦崎先生は言います。今までのやり方で大学に合格できていたのだから、大きく変える必要はないと考える高校はまだまだ多い。今回の高大接続システム改革がいかに大きなインパクトであっても、まだまだ一人一人の教員には雲をつかむような話です。

可児高校では、①各教師が、②「受験学力の向上」を外すことなく、③担当科目・単元・時期等の特性を考慮し、④実践者どうし情報交換しながら、⑤「アクティブラーニングの活用が効果的」と判断した場合に、⑥「効果的な活用法」を工夫して、⑦「無理のない形」で実践する。という、慎重な取り組みが進められています。

校内の反発や抵抗を防ぎながら、アクティブラーニングの導入を進めるには、どうすればよいか。「できるところから」「ゆっくり」導入することです。多くの高校がそれを模索しています。可児高校では、「学校で、教師が、既存教科の授業で」アクティブラーニングを扱うだけでなく、「地域で、多様な大人と、現実の課題解決において」体験させるほうが、自然かつ有効であると考え、生徒を地域に送り出しています。「学校は、先生が一方的に生徒に授業する場」という意識の生徒が大人になったとき、「行政は、住民に一方的にサービスをする場」と考えていては、シチズンシップが育たない。18歳の高校生から選挙権がある今、地域の自治と高校の授業との関係は、深まらざるを得ません。しかしまだ私たちには、「子どもや若者が学ぶべきこと」＝「学校で・教員が教えるべきこと」という固定観念が染みついています。なんでも学校がやってくれるわけではない。アクティブラーニングは、

「どこかに正解はない（自分で探す）」

「誰かが（学校が、会社が、国や県や市が）何とかしてくれるわけではない」

という、日本人一人一人に染みついた「お上《かみ》依存体質」を変えるきっかけになるかもしれません。

†自分の子の高校に何ができるのか——愛知県の私立桜丘高校

愛知県豊橋市の私立桜丘高校は、「自ら学ぶ進んで学習する習慣が身に付く」ことに力を入れています。親や先生や塾に「やらされる勉強」ではなく、「自分でやる」子になるには、能動的な学習習慣を自らつける必要があります。そのための施策という意味では、読者の皆さんが、自分たちが関わる幼稚園・保育園、小学校、中学校、高校などで、どんな教育が行われているかに注目する必要があります。「有名大学に入った」という結果だけではなく、「子どもを伸ばしてくれる」過程に注目するべきです。

桜丘高校では、「学力は強制的にやらされる学習では伸びていきません。目標に向かって自

分から取り組むからこそ、伸びていくものです」として、英数科では、授業後、自主的に8割以上の生徒が教室に残り、集中して学習に取り組んでいます。自主的に学習する周りの雰囲気が毎日の学習リズムを育て、それが着実な学力の伸びを保証してくれます。わからない点には、わかるまで教師がとことん付き合います。このために、授業後は各教科の教師が待機し、生徒の質問にわかるまで答えます。

予習・復習や自主学習のやり方も1年生のうちからていねいに助言します。しかも、一人一人の目標や学力、得意科目・不得意科目に合わせたやり方をアドバイスし、点検しながら、自力で学習が進められる力を養います。夕方の17時20分〜18時40分までの自主学習には8割（部活動をやる生徒もいます）、夜の19時〜20時30分は3割の生徒が参加します（部活動をやる生徒がこの時間に勉強できる）。

いわば、塾の代わりに先生が夜勉強を教えてくれる体制になっているわけです。先生の負担が大変な気もしますが、そこは私立高校ですからその学校の方針に任せましょう（ただし、地方公立進学校には似たような体制の高校は多い）。

重要なのは、授業後も学校で勉強することで、その日の疑問や宿題はその日に解決できることです。生徒の部活動や自主活動への参加を認め、選抜クラスはあえてつくらず、できる生徒だけを特別扱いはしないで、互いを認め合える友人関係を大切にしています。

桜丘高校で、もう一つ注目なのは、「学習クラブ」です。平日の早朝や木曜・土曜日に、成績に関係なく、自主的にとことん学習したい生徒のための英数科内部活動で、全学年約70名の部員がいます。いわば、他の生徒が野球部や茶道部をやっている間に勉強をしているのです。平日は早朝と終業後、土曜は終日、仲間同士で学び合い教え合う。ここが重要で、一人でやる勉強ではないのですね。アクティブラーニングです。私も先輩に勉強を習いたかったです。

夏休みの大学見学旅行や学期末の食事会など楽しい企画も自主運営しています。この「学習クラブ」からは毎年、国公立大学、難関大学への合格者が続出しています。桜丘高校には主力の普通科もあり、こちらは英数科ほど勉強三昧ではないため、中堅学力層を中心に高い人気を誇る、普通の楽しい高校です。それでも普通科も毎日の課題、毎週テストがあり、学習にリズムを付けています。

✝変わるべきは親

でも、こうした高校に入学させたら、先生が生徒を勉強させてくれる、と考えないことが重要です。親が勉強を学校に任せきりでは、本当のアクティブラーニングではないと私は考えます。いくら高校生が学校で過ごす時間が長くても、ご家庭で、親と過ごす時間は、まだまだあるからです。

私は、講演先の高校生に、2つのことを勧めています。まず1つは、帰宅後は制服で勉強することです。これは前述の岐阜県立可児高校で聞いた話なのですが、「家に帰って、制服を脱いで私服に着替えると、気持ちが緩み、すみやかにスマホで遊んだり、ご飯を食べたりして、もう、宿題をやる気が起きない。そこで、家に帰ってから30分は、制服のまま、勉強机の前に座り、30分、宿題をやってから、着替えてスマホや食事ＯＫ」としたところ、宿題をやってこない生徒は激減したというものです。これも、強制はできませんが、お子さんが自主的にやるように、提案してはどうでしょうか。

もう一つは、親子の会話です。昼間の学校で、お子さんが習ってきたことを、家で聞いてあげてください。

「お母さん、今日、数学で、微分積分習ったんだ！」

「あら、楽しいわねえ！　お母さんに教えてちょうだい」

お母さんが微分積分が楽しいかどうかは、この際問題ではありません（笑）。重要なのは、「昼間学んだことは、放っておいたら忘れてしまう。夜、家で定着させる学習が重要」ということです。高校で学んだ学習が定着するためには、家で、親子の会話の中にそれを盛り込むことです。お子さんが学校でどんな学びをしているか。親が聞いてあげることで、お子さんは、学習が定着します。人に教えることは、最も学習効果が高いとも言われています。ぜひ、家で、親子で、一緒に勉強してください。親子でできるアクティブラーニングです。私は、いくら教室で先生がやるアクティブラーニングだけが隆盛になってもダメだと強く感じています。社会の変化に適応し、学び方を変えていくべきなのは、親です。

†アクティブラーニングを超えた学びへ

自分が高校生だとしたら、与えられるアクティブラーニング型授業が面白いかというと、実は疑問な点もあります。根が人見知りな私は、本当は一人にしてほしい時もあるんですよ。一人で勉強したいから、ほっといてくれ、みたいな。そのくせ今、高校や大学では「教育が変わる!」なんてしゃべっていますから、自分の中に矛盾を抱えていることは自覚しています。自分みたいなタイプの高校生は、今の私の講演はムカつくかもしれません。

自分が発表者の時は面白いんですよ。習う生徒以上に、教える教師のほうが高い学習効果があるのに似ていますね。ある著名な教育関係者が「もう自分がパネラーとして呼ばれないと行かない」とおっしゃっていましたが、私も「その他大勢の観客」として講演会に行くのは、よほどの価値があると考えた場合だけです。観客ではなく、自分が学びの当事者でなければ、面白くない。高校生もそうだと思います。だから私は、「教室の中で、1対40でやるアクティブラーニング」には、限界を感じているのです。

アクティブラーニングを超えた学びって何でしょう。アクティブラーニングの次は個別指導型のBL（ブレンディッドラーニング）だとも言われますが、私にとっては、

①教師1対生徒1、あるいは教師複数に生徒1（これは職業柄、多くの取材をしたこと）

②複数の学問分野を自分の中で統合する（本を書く）

③人に教える（講演をする）

の3つを経験したことが、私自身の学びを高めたと考えています。大学の取材は通常は教授との1対1であり、相手のほうが人数が多いことすらあります。哲学から医学まで、私の頭の中で複数の学問が溶け合い、統合され、新しい知恵が生まれてくる。さらに、学んだことを本やネットや講演で発信する。これが、私の日々の学びです。黙って先生から知識を受け取るのではなく、作家として発信したことが、私の学習効果を高めました。私は高校までの「やらされる勉強」の優等生ではありませんでしたが、社会に出てからの能動的な学びの鍛え方は、東

大を出た人にも劣らないのではないかと思います。

これは、教師1対生徒多数の学校教育では実現が難しいことです。アクティブラーニングは万能ではなく、「1対1の学び、複数分野の統合、自ら情報発信」に生徒・学生一人一人がどう到達するかがカギではないかと思います。

自分が高校時代に、数学や理科がアクティブラーニングだったら勉強したか、好きになったかというと、必ずしもそうではない気がするのです。高校までの勉強は、ニュートンやアインシュタインが解決してくれた正解のある問題を解くものです。航空機をつくりたいとか、細胞の研究で医療に貢献したいといった目的意識があり、そのためならこの大学をめざそう、だから高校で数学や物理をがんばろう。でも勉強は苦しい、そこで仲間とアクティブラーニングだ！ というところまで自分で到達しないと腑に落ちない。

ワークショップも苦痛です。これが、たとえば看護学部の学生が、「末期がん患者にどう接するか」というテーマを話し合うなら、目的がしっかりしていますが、利害関係のない初対面の人と「地域の教育の未来をどうしたいか、語り合いましょう」と言われると、間違いなく盛り上がれない（私は）。

アクティブラーニングや先進的な学び合いの手法に、従来の教育関係者から批判する人も出てきているのは、このあたりの事情も予想されます。クリエイティブな人たちは、仕事で普通にやっていること。それを教育手法として集団に適用させるのが、新しく見える。でも、目的意識のない集団で、成功するのでしょうか。受け身の授業を受けた私たちの世代でも、目的意識があった人は、文科省の考える理想の人材に、勝手になっていったわけですし、大衆を集団として扱い、全体を何かになるように指導しようというのが、もう古いのかもしれません。集団にアクティブを強制する矛盾です。

†武雄市が考えるアクティブラーニングの限界と課題

教育新聞（2016年3月22日付）に、「ALに限界と課題 それを乗り越え21世紀型スキルを」という記事が出ました。(https://www.kyobun.co.jp/news/20160322_03/)

ICT教育の先進的な導入事例で名高い佐賀県武雄市の、代田昭久同市教育監が、アクティブラーニングの限界と課題について発表したという内容です。アクティブラーニングの問題点とは、以下の4つです。

①知識のある子もない子も1コマで授業を完結させなければならない「時間の限界」

②教室内で限られた教師と学習者間で学ぶだけでは多様性を育みにくいとする「場所（空間）

の限界」
③既存の教材、今までの指導力では対応できない「指導者の課題」
④人間関係の対立に発展するのを恐れて意見の対立をためらう「学習者の課題」
高校、大学の現場で、アクティブラーニングの授業が、先生が思ったほどうまくいかない。その原因を、的確に分析していると言えます。同市では、ICTの活用で「時間の限界」を解決するために、平成26年5月から「スマイル学習（武雄式反転授業）」を実施。あらかじめデバイスを自宅に持ち帰った子どもが、5分から10分程度の動画を用いて予習し、その内容を、翌日の授業で、グループやクラスで共有し、発展的な学習に結びつけるというものです。知識の習得は要する時間に個人差が生じるため、その部分を自宅に委ねる。すると、学校では協働学習や定着・まとめに費やせる時間が増えるとの算段で、小学校の場合、算数・理科は20％弱、国語では5％弱の授業がスマイル学習にあてられています。

児童へのアンケートによれば、動画の理解度は「よくわかった」「だいたいわかった」が88・7％で、大半の児童が内容を理解していたとされます。予習した児童の84・1％は、翌日の授業を「とても楽しみ」「少し楽しみ」と回答。授業後のアンケートでは、授業内容について「よくわかった」「だいたいわかった」との回答が95・6％で、非常に多くの児童が肯定的な評価をしたとのことです。同市では、小学校低学年を対象に、「プログラミング教育」についても行われています。プログラミング教育は、いよいよ文科省も小学校での必修化を検討しており、今後注目です。すでに、プログラミングを学べる塾も増えてきています。

トロント大学オンタリオ教育研究所に留学中の入澤充氏のブログに、以下のような記事がありました。

「イノベーションを起こせて、批判的な思考ができる、先生の言ったとおりに行動する人を育てる教育について」(http://mitsuru326irisawa.blogspot.jp/2016/02/blog-post_28.html)

ゆとり教育もそうですが、上から押し付ける、誰かが与えた教育である限り、根本的には、私たちが内面の自由を獲得し、自ら能動的に学ぶことは難しい。本人の資質の問題でもありますが、親や教師がどこまでそれを支援できるか、やるべきなのかも問題です。重要なことは、「学校教育が何でもやってくれる」ではなく、本人の自発性を尊重し、親や教師はそれを阻害せず伸ばすことでしょう。国や学校がなんとかしてくれる時代は、終わりました。

第5章　大学のアクティブラーニング事情

さて、無事に高校を卒業し、大学受験も乗り切って大学に合格すると、大学での豊かな学びが待っているわけですが、大学では、「能動的な学び」「アクティブラーニング」はどうなっているのでしょうか。文部科学省「高大接続システム改革会議」最終報告の提言の中には、様々な大学教育改革の取り組みが提案されており、その中には、

①大人数の一方的な授業ではない、少人数のチームワークによる質の高い教育
②学生が相互に切磋琢磨できる環境
③学生に対するアサインメント（課題）の要求を増やし、学生を厳しく鍛えること
④そのための教員、職員の資質向上の努力

などが触れられています。こうした名の下に、すでに多くの大学で、教育の改善の取り組みが行われていますが、「大学教育も質が高いんだ。よかった安心」、とはいかない現状を、正直に皆さんにお伝えせねばなりません。

いくつかの大学で行われている、「アクティブラーニング」の先進的な教育を成功事例として礼賛できれば、私もどんなに楽でしょう。でも、実際に多くの大学の教育現場で起きていることは、「大学改革疲れ」です。例のスーパーグローバル大学、法科大学院制度の失敗、教職員へのFD研修（ファカルティ・デベロップメント＝教育能力を高める実践的方法）・SD研修（スタッフ・デベロップメント＝職能開発）の必須化、認証評価、国立大学の運営費交付金の減少と競争的資金の獲得競争、大学のガバナンスの強化など、多くの課題をこなす現場の大学教員は事務作業や申請書類の作成で疲弊し、大学の研究力、教育力は低下し続けています。東大など旧帝国大学ですらも、アジアの大学ランキングでアジア各国の後塵を拝し、順位は落ちています。このままでは、基礎研究がおろそかになり、いずれはノーベル賞も出なくなるだろうと警告する科学者もいます。

私立大学に至っては、一部の大規模大学に受験生が殺到し、4割の私大が赤字で定員割れ、大規模大学は何万人もの志願者や学生を抱え、受験生人気こそありますが、専任教員数は国立大学よりもはるかに少なく、教育水準は高いとはとても言えません。一部の例外的な成功事例の大学を除けば、多くの日本の大学は、国公立大学も、私立大学も、内情はボロボロなのです。ごく一部の大学に、世界に誇る素晴らしい教育や研究があることは否定しませんが、日本の大学自体は制度疲労を起こしています。そのあたりは私の前著『大学のウソ――偏差値60以上の大学はいらない』(角川oneテーマ21)にまとめましたので、ぜひご覧ください。

だから私は、一部の大学の成功事例をただやみくもに礼賛目的で紹介するのではなく、日本の多くの大学の与える教育がたとえ不十分でも、学生が自ら大学を積極的に活用して能動的に学べば、まだまだ日本の大学は使える、何かをつかめるという話を本章ではします。逆に言えば、高校までのように、学校が与えるものをこなすだけでは、これからの大学生の学び方としてはダメだということです。

†東北大生の6割は、授業外学習が1日1時間以下

受験を突破し、無事に春を迎えた各大学の新入生の皆さんは、何百人もいる教室で、先生と直接話をしない授業に、驚いているかもしれません。でも、残念ながら、多くの大学の講義はこうなのです。親の時代と変わりません。そこで、私はぜひとも新入生の皆さんにしてほしい

ことがあります。授業の終了後に、先生に話しかけてみてください。授業中に、しっかり内容を聴きながら、ノートに質問したいことを書いておくのです。そのためには、すべての授業でやってみてください。これを、履修した

東北大学が2015年度に行った学生アンケートによると、学部生の「授業のための予習・復習・関連学習」は、57・6%が1日1時間未満、34・5%が3時間未満です。大変残念ですが、聴くだけの授業は、一方的に知識を与えられる場なので、予習復習の必要がない（とされてしまう）のです。日本を代表する難関大学で、しかも教育水準もおそらくは日本有数の高さの東北大でこれです。多くの大学生は、高校生の1日の自習時間以下なのです。これでは、東大も推して知るべしでしょう。

私は以前、教育関係のシンポジウムで、京都大学の事例を聴きましたが、自学自習をモットーにしている京都大学では、大学側が自学自習の基準としている週5時間以上の自学自習をしている学生は36%しかいないそうです。親や先生や塾に言われた受験勉強をやることには長けている京大生も、いざ大学に合格して自由に学びなさいといわれると、能動的に学べない学生がかなりたくさんいることは、日本の将来を不安にさせます。

アンケートに戻ると、東北大生の「研究・論文執筆」は、64・4%が1日に0分です。さす

がに大学院生は65・3％が1日に5時間以上となっています。私が取材した米国のアイビーリーグの大学のいくつかや、国内でも一部の理工系大学では、学部生の時から研究をし、論文を書く授業をしていましたが、それは日本では例外的です。

なんでも米国の大学のほうがいいとは言いませんが、学生の自学自習習慣のなさは、日本は壊滅的です。もちろん、米国の大学も、学生が自発的にやるという以上に、毎回の授業が真剣勝負であり、プレゼンテーションやディベートがあったり、参考文献を読んでいることが前提で授業をしたり、膨大な課題を課したりするから勉強するという側面がありますが、日本の多くの大学では、そういう厳しい授業はありません。失礼な言い方ですが、寝ているだけで単位が取れる「楽勝科目」もあるのです。でも、人数が少なく、疲弊した大学教員をこれ以上苦しめる、質の高い授業を、日本の大学のすべてに求めるのは、酷なのが現実です。

東北大生の多くは、読書も全然しません。「自分の知識や能力を高めるための学習・読書」は0分が25・6％、30分未満が30・4％、30分から1時間未満が24・6％で、合計80・6％の東北大生が、1日あたりの読書などをほぼしていないことがわかります。15・2％が1〜3時間未満ですから、3時間以上読書をする人はほぼいない。

「東北大学の教員と直接話す機会」では、「あまり話をしない」33・8％「まったく話をしない」17・3％、「よく話す」12・4％、「研究・学習・進路上必要な場合に話をする」36・6％です。教員と話さない学生が半数。もったいない。そして教員との対話は「必要な場合」以外にこそ価値があります。さすがに大学院生は、「よく話す」42・6％、「研究・学習・進路上必要な場合に話をする」51・5％となりますが、これも、必要な時以外は教員と話さない人が半数です。大学生活は「一見無駄な対話」の中に、創造のヒントがあると私は考えます。ぜひ大学教員とおしゃべりをしましょう。

「東北大学の授業や教育内容」には、「満足」「まあ満足」で57・4％、「どちらともいえない」18・0％、「少し不満」「大いに不満」で9・1％ですから、ほとんどの人は不満はないのですが、これは、他を知らないからで、必ずしも授業や教育内容の水準がすべてにおいて高いとはいえません。大学の満足度が高いのは、受験の難関校であれば、自分の努力による達成感があるからで、受験までの学力が優秀であること自体は素晴らしいのですが、大学では、授業以外に自主学習はせず、読書もせず、教員と話もせずでは、あまりにもったいない大学の過ごし方だと私は思います。

たとえ短期間でもいいので、海外留学をしてください。なんでも海外の大学の方が優れているとは言いませんが、授業外学習をしなくていい授業ばかりということはありません。多くの学生が帰宅後に寮で必死に勉強しています。それも、大部屋で共に暮らしながら。予習、復習、自己学習が前提の、一方的ではない対話型の授業だと、否応なしに先生や友達と授業外でも対話が必要になり、膨大な読書量も必要になり、論文を書くアウトプットも必要になります。私はそんな海外の大学をたくさん取材してきました。大学に入ったら、宿題をしなくてもよく、読書をしなくてもよく、教員と会話をしなくてもよい大学生活を送っている学生の皆さん。あなたは今、この瞬間に、世界の大学生に負けていく途中かもしれません。大学が与えてくれるシステムを享受するだけでは脆弱です。自分で学んでください。

大規模大学ではすべての学生に質の高い学びを提供できません。そこで、与えられる授業に満足できない学生には、プラスアルファの学びを自分で得ることを強くお勧めします。たとえば次の項目で触れますが、早稲田大学なら、『みらい設計ガイドブック』を入手してください。大学生が最終的に到達すべき大学教育の理想像は、教員との1対1なのです。1対100とか1対40の授業ではありません。1対1で指導を受けることです。すべての大学教員は、それを経験して研究者になり、今の地位にいるはずです。自分で研究する方法を、研究者から学べるのが、大学です。高校までのアクティブラーニングは、そうは言っても、教室での1対40という限界の中でしかできません。大学は、自分次第で1対1の学びができるのです。

†早稲田大学の『みらい設計ガイドブック』

「大学に入ったけれど、黙って聴いている授業ばかりでつまらないし、なんだか期待外れだなあ」という人。それが大学だと思ってはいけません。それでも卒業して就職できた親の時代とは違います。大学は、与えられる講義を聴いているだけでは、元が取れません。大学が提供してくれる教育だけを享受しているのは、本当に貧弱な学びであると認識してください。それは東大や早慶でも同じです。そこで、早稲田大学が学生に配付しているパンフレット『みらい設計ガイドブック』をご紹介しましょう。

早稲田大学キャリアセンターが発行しているこの冊子（ネットで誰でもダウンロードできます。https://www.waseda.jp/top/news/25734）は、「やりたいこと」がいっぱいある学生のために、プラスアルファの活躍の場を紹介するものです。「学びを深めたい」「世界を知りたい」「社会と関わりたい」「仲間をつくりたい」の4項目からなっています。

「学びを深めたい」では、グローバルエデュケーションセンターが提供するWASEDA式アカデミックリテラシーの科目群「Tutorial English」「数学基礎シリーズ」「学術的文章の作成」「統計リテラシー」「情報科学の基礎」が紹介されています。早稲田大学の学生ならだれでも、1対4のごく少人数英語教育や、数学や統計学、情報科学の基礎、そして、何より大切なのに多くの大学で教えていない（だからコピペのレポートを出す学生が発生する）「学術的文章の作成」をきちんと学べる科目群があるのです。

†早稲田大学で実践する能動的な学び方

「全学共通副専攻」は、第二の専攻分野を究めるもので、自分の所属学科とは別に29の副専攻から選べます。入学時に学部を決めてしまったら、他の学部の科目が履修できないということはありません。文系から理系、理系から文系の副専攻に行くことも可能です。必要な科目を修得すれば、卒業時に修了証明書が発行されます。

「アカデミックライティング個別指導」は、大学院生が1回45分で論文の個別指導をしてくれます（英語もある）。「他大学提供科目」は、学習院、学習院女子、日本女子、立教などの他大学の科目が履修できるもので、男子も女子大の科目が履修できます。京都の同志社大学とは「学部学生交流制度（国内交換留学）」で、半年か1年の留学ができます。早稲田に入って、他の大学の科目を履修し、他大学に友人や恋人をつくることも可能です。

「My Vision Program」は「論理的思考力」「問題解決能力」「コミュニケーション能力」など

を養うプログラムで、講義のほかにグループでのワークショップ、ディスカッション、プレゼンテーションなどをします。ロジカルシンキングやロジカルライティング、教養講座もあります。

こういう最先端の大学教育の科目をちゃんと用意しているところが早稲田のすごいところですが、すべての学生が履修しているわけではありません。すなわち、アンテナを張り巡らし、質の高い科目を自分で「能動的に」「アクティブに」探さないと、早稲田に入っても質の低い授業を聴くだけで、寝ているうちに卒業してしまう人もたくさんいるわけです。

「留学準備講座」は、留学希望者、留学決定者に対し、TOEFL-iBT対策、1泊2日の留学体験合宿、エッセイや討論の方法などの講座です。これがちゃんと科目としてあるのが驚きで、ぜひ履修するべきです。「ICC学生スタッフリーダー」は、国際コミュニティセンター（ICC）で、異文化交流活動のイベント企画運営や、海外大学での研修をします。世界中の留学生と、早稲田のキャンパスで共に学べる科目で、ぜひ履修するべきでしょう。「体験の言語化」シリーズ科目は、少人数の参加型講義で、「自分の思考を言語化し、他者に伝える力」を養う、ボランティアセンターの科目です。「図書館ボランティアスタッフLIVS」は、学生目線で図書館のサービス向上に取り組みます。「エクステンションセンター学生支援講座」は、早稲田の生涯学習機関の講座のうち、資格取得など学生向けに役立つ科目で、TOEIC、行政書士、公認会計士、法曹、公務員試験対策などが、授業や課外活動と両立しやすい時間に開講されています。「ものづくり体験」は、機器や作業場がある「ものづくり工房」で、自分の手でものが作れます。文系の学生こそ参加しましょう。「早稲田アスリートプログラム（WAP）」は、体育各部の部員にオンデマンド講義などを提供し、今や早稲田はスポーツ学生に学業と部活動の両立を求めています。

2つ目の「世界を知りたい」では、海外留学プログラム（長期・短期）、ホンネ交流キャンプ（早稲田の日中韓の学生が集まって2泊3日で本音を語る）、ランゲージ＆カルチャー・エクスチェンジ・プログラム（国籍の異なる学生がペアか3人で互いの言語や文化を教え合う）、外国語ランチ（昼休みに集まってイベント開催）、外国語科目（20以上の言語）、グローバル・リーダーシップ・フェローズ・プログラム（4年間の少人数エリート教育で、選抜された15名が英語で学んだ後、1年間米国留学。帰国後は英語で卒論を書く）、ノーボーダーキャンプ（本名、国籍を名乗らずニックネームで2泊3日のスキー・スノボ合宿）、にほんごペラペラクラブ（日本語を勉強中の外国人学生と月1回の異文化交流）、ICCトークセッション（学外講師の講義）、RA（レジデント・アシスタント。国際学生寮の管理人）などがあります。

「社会と関わりたい」では、プロフェッショナルズ・ワークショップ（企業や自治体の課題を解決する実践型産学連携プロジェクト）、ＷＡＶＯＣ公認プロジェクト（国内外の課題を解決する）、ＷＡＶＯＣスタディツアー（国内外ボランティア）、災害・復興等支援ボランティア活動、インターンシップ・プログラム（企業での就業体験）、ビジネススタートアップセミナー（インキュベーション推進室による起業支援、ビジネスコンテスト参加も）、tsunagaru プログラム（地域で活躍する人や中小企業経営者などを取材する体験型短期プログラム）、アウトリーチ・プログラム（外国人学生と日本人学生がペアを組み、地域の小中学校で異文化交流の授業を行う）、文化推進学生アドバイザー（文化企画課の学生スタッフで、早稲田文化を創造する）、キャンパスツアーガイド（広報課）、教員就職支援（教員就職指導室）などがあります。

「仲間をつくりたい」では、こうはいナビ（新入生応援プロジェクト。科目履修相談会など。早稲田ポータルオフィス）、fumidasu ワークショップ（社会連携推進室主催、学生同士の語り場）、ＩＣＣイベントサポーター（留学生歓迎イベントなどのボランティア）、学生留学アドバイザー（留学経験者が留学希望者にイベント企画と情報提供）、障がい学生活動（障がい学生支援室）、ＷＡＳＥＤＡものづくり工房・利用推進プロジェクト（ＷＡＳＥＤＡものづくり工房）、夢中になれることが見つかるセミナー（先輩がこれら全般をアドバイス、キャリアセンター）学生キャリアアドバイザー（内定者が後輩支援）、体育会、サークル活動、部活動（体育各部）などがあります。

キャリアセンターでは「進路を考えるセミナー」「仕事を考えるセミナー」なども開催されています。パンフの最後にはキャンパスマップがあり、部署が紹介されています。

たとえ早稲田大学に入っても、つまらない授業を黙って聴いているだけでは、とうてい、学費の元が取れません。バイトやサークルもいいですが、『みらい設計ガイドブック』を読んだり見たりして、プラスアルファの活動をすることで、人間としての活動の幅を広げましょう。

この冊子には、もう一つ、裏の効果があります。それは「職員力の向上」です。学生と普段接しないような部署でも、学生向けのプログラムを企画・運営し、学生に実践させることで、職員研修にもなっているのです。できれば、まだまだ早稲田の奥地に眠っている部署が取り組んでほしいものです。

早稲田には、「俺が在学中は、こんなにいいプログラムがなかった」と不満の卒業生が、大勢います。今の在学生だけではなく、もっと卒業生を巻き込むことが大学側には重要です。素晴らしい教育を提供してくれなかった大学に寄付金を出す卒業生はいません。今後は卒業生との交流も増やすべきでしょう。

†早稲田大学の1年生事情

次は、『早大生による、早大生協マガジン LaAie』（早稲田大学生活協同組合）を参考に、大学1年生の時に、何をするべきかを考えてみましょう。

大学が正規の教育として提供する「能動的な学び」「アクティブラーニング」をただ享受するだけではなく、事前に、大学ではどんな教育が行われているのかを知り、そこで有意義に学ぶための作戦を立てておく。早稲田に限らず、必要なことです。そうした、「自分で学ぶ」姿勢こそが、本当の「アクティブラーニング」だと私は固く信じていますので、「どこそこ大学で、素晴らしいアクティブラーニングの授業が行われています」と紹介するだけの本では、意味が薄いと考えます。よって、それら成功事例を本章で長々と紹介する気はありません。各自が自分で考えて、自分で学ぶための知恵と武器を提供するだけです。あとは自分で戦ってください。なお、ここからの内容は、カリキュラムの変更などで、実際の入学後の教育とは差異が生じている可能性があることを、ご承知おきください。

早稲田では、学部ごとに様々な教育上の取り組みがあります。受験生向けに、早稲田の新1年生がどのような教育を受けるのかをご紹介します。

まず政治経済学部。1年生は、教員1人対学生4人のチュートリアル・イングリッシュが必修です。ネイティブ教員から最大4人までの超少人数教育で英語を学びます。第二外国語は週2回のクラスと週4回のインテンシブクラスがあります。ゼミは3・4年次ですが、1年次に総合基礎演習、2年次に総合演習というゼミがあり、最大18名までで議論やプレゼンを学びます。政治経済学部には「グローバル日本政治経済コース」という外国人留学生対象の英語学位プログラムがあり、全講義が英語で行われます。日本人学生も一部の科目を履修できます。

政治経済学部にはクラスがなく、語学のクラスが友達づくりの場になります。1年間同じメンバーで、クラスコンパもあります。こうした場ですぐに誰とでも仲良く友達になれないタイプの学生もいますが、ある程度、人と接することに慣れておかないと、恐ろしいことが待っています。すなわち、必修科目を落としたり成績が悪いと、3年次からのゼミに入れない「ゼミなしっ子」になる恐れがあります。ゼミに入れないと人的にも学問的にもかなり寂しい&厳しい学生生活になり、就職にも影響するでしょうから、ゼミには入った方がいいでしょう。むろん、まれにそれを超越する人が出るのも早稲田ですが。

政治学科では「政治学英語文献研究」という必修科目が恐れられています。これは厚さ5センチの英文教科書を使って政治制度を学ぶもので、落とすと再履修です。政治経済学部の1年生は、とにかく英語や第二外国語の語学のクラスで友人をつくっておくことが重要です。たまにいますよね、孤高を気取っている人が。でも、そういう生き方が許されるのが大学である半面、そういう人に限って、成績が悪くなったりもします。なぜなら、「自分一人で学ぶ」のは受験勉強まではそれでよかったのでしょうが、大学や社会では、「誰かと一緒に学ぶ、働く」能力も必要になってくるからです。今回の教育改革はまさに、そういう人材育成をするという宣言です。

法学部は、早稲田で一番、テストが難しいと言われています。そこで、大半の学生が法律サークルに入り、先輩から助言を受けます。先輩から法律の講義を受けるサークル活動は良き伝統です。なぜなら試験対策のレジュメも手に入ります（笑）。法学部生ならぜひ法律サークルに入っておくべきでしょう。先輩から試験対策を学ぶなんてズルいと思うかもしれませんが、そうした中に、実は、学生同士による学びという、早稲田の見えないカリキュラムの魅力があるのもまた事実です。

商学部は3・4年生に2年間続くゼミがあり、2年生の夏にゼミを選択します。1年生は必修科目が多いのが特徴です。商学部は大人数講義が多いので友達はできにくく、語学のクラスで友人をつくり、その友人を大人数講義でも探して一緒に履修するのがよいとされています。

こうしたアドバイスを事前にしてくれる人はいないと思いますので、もっと高校生に知ってほしい事実です。

教育学部は12の学科専修に分かれており、数十人から最大でも200人前後なので、少人数授業が多く顔見知りになりやすく、友達のできやすい学部です。ただしクラスがない学科もあるので、自分で積極的に話しかけることが重要です。早稲田の教育学部は教員になる人が少ない、とよく言われますが、実際、教職免許を取る学生は3割ほどです。国立の教員養成学部と違って教職科目は単位にならず、6・7限など遅い時間の開講が多いため、本気で教師を目指す根気がないと続きません。

社会科学部は、1年次は語学教員が、2~4年次はゼミの教員が指導教員となります。英語科目のみの履修で卒業できる「現代日本学プログラム」も開設されました。これは留学生向けですが履修は可能なので根性のある人はどうぞ。かつては楽勝学部と言われましたが、現在は簡単に単位はもらえないそうです。

国際教養学部の授業は全部英語で留学必修なのでがんばってください。留学必修と言っても、英語圏の留学先の選考はTOEFLのスコアや1年次前期のGPA(グレード・ポイント・アベレージ=成績評価)で決まるので、入学後の勉強が欠かせません。非英語圏でもGPAは重視されます。授業は出席重視で課題も多くプレゼンやディスカッションがたくさんあります。学生は留学生が多くフレンドリーな人が多いと言われています。

基幹理工学部は65％が大学院に進学。1年生は学科に所属せず2年生から選択します。40％の学生が入学後に志望学科を変更しているそうです。1年次の成績が悪いと希望の学科に進めないこともあります。研究室配属は3・4年次です。創造理工学部は7学科あります。先進理工学部は6学科あります。先進理工学部は1限からの授業が多くレポートも多く忙しいそうですが、学生同士は仲良くなれるそうです。サークルは文系学部や他大生とのサークルに入って、出会いのチャンスを増やすとよいでしょう。

文化構想学部は、かつての第二文学部時代の名残で、遅い時間の講義が多いそうです。3年次になると卒業研究あるいはゼミのどちらかを選択します。語学に力を入れており、1年前期は必修英語が週2回、通年で必修第二外国語が週4回もあります。週に4回も顔を合わせる語学のクラスで友人をつくりましょう。英語のクラスがそのまま基礎演習のクラスになっているので、顔なじみになりやすいのは良いことです。

文化構想学部は2年次から6論系に分かれますが、例によって1年次の成績が重要です。必修が午後に多いので、午前中を有効に使うことと、週4回もある第二外国語を乗り切って良い成績をとり、希望の論系に進めるようにすることが、1年生にとって重要です。文学部も17コースに分かれており、2年次から進めますが、やはり1年次の成績が重要です。文学部も第二外国語が週4回あります。必修英語や基礎演習があるのは文化構想学部と同じです。

人間科学部の必修科目は、「基礎演習（1年前期のみ）」「統計学」「チュートリアル・イングリッシュ」「カレントトピックス（英字新聞を読んで要約したりする）」「第二外国語」の5つ。これら必修科目で同じ学科の学生と顔を合わせることが多いので、そこで友人をつくりましょう。スポーツ科学部の必修は「スポーツ教養演習」という30～40人の1年ゼミ、「チュートリアル・イングリッシュ（週2回）」「野外活動実習（夏休みに2泊3日のキャンプ）」「スポーツ科学概論（オンデマンド授業）」。スポーツ科学部には第二外国語がなく、代わりに「スポーツ英語」という授業があります。

難関とされる早稲田大学に入ったからといって、すべての授業が面白くて、学問を語り合える友人が必ずできるという保証はありません。自分で探し、工夫し、飛び込んでいく能動性、積極性を持たないと、学費に見合った教育は受けられないと考え、高校生のうちから、自分の行きたい大学の内容をよく調べておきましょう。今回は早稲田大学を中心に紹介していますが、どこの大学でも同じです。高校までの「与えられる勉強」では、生き残れない世界なのです。

†早稲田大学「ぼっち」事情

現代の大学生が恐れるのが「ぼっち」です。すなわち、大学で友達ができず、独りぼっちになることです。一人では学食でご飯も食べられない、友だちがいないことが周囲にバレないようにトイレで一人食べる「トイレ飯《めし》」なんて言葉まで生まれました。早稲田大学の学生ミニコミ誌『早稲田乞食』で、この「ぼっち」について特集された号があり、今どきの大学生の「ぼっち事情」の一端がわかります。

能動的な、アクティブな学びは、それに合わせられない、一人になってしまう学生を生み出す可能性を常にはらんでいます。そういう学生のことを忘れないために、私たちは、「明るく、楽しく、能動的でなければいけない」という呪縛を、そうではない学生にまで強制していないか、常に考えながら教育に取り組まなければいけないでしょう。

『早稲田乞食』による、ぼっちになる学生の行動分析は面白い内容です（以下の分析は私が言っているのではなく、この雑誌に書いてあることです）。

まず4～5月。新入生が、長時間にわたってサークルブース（部員募集の勧誘をする出店）の前をウロウロしたり、勧誘されると黙っていたり、ハッキリしない返事をしたりします。「テニス」「ボランティア」「サッカー（フットサル）」などの飲みサークルに拒絶反応を示します。ここで「飲みサークル」に順応すると、ぼっち脱出となります（代わりにチャラ夫に変わる場合があるそうです）。ここで多くの学生が大学生活に順応できず、立派なぼっちへと育っていきます。

6月以降から前期終了の時期の「ぼっち」の生態は、必修の授業に誰よりも先に入って最前列か最後列の隅に座り、本や携帯電話、ゲーム機といった一人遊びをしていて誰とも話しません。語学授業で行われるペア会話に強い拒否反応を示します。自由選択の講義においても一人であり、プリントやノートを取る都合上出席せざるを得ないため、結果的に出席率は良い。ただし、必ずしも評定（成績）が良いわけではありません。

1年後期開始から2年次にかけての「ぼっち」は、男子は全身ユニクロかしまむらの黒や紺の野暮ったい服を着ていて、髪はいじらず無造作ヘアー、靴は履き古したスニーカー、女子は地味女かロリータ服やギャル系の服など明らかに浮いた服になるが、男子と違って身づくろいの跡は見られるそうです。両性とも食事をしている風景が観察されることはまれで、食堂の一人席ないし野外席の隅、構内のベンチ、トイレなどで食事をとっているのではないかと推察される。この時期のぼっちは限りなく空気に近い存在になっていく。3年次から卒業までのぼっちの行動はデータがないので書けないとしています。1年次後期以降の記述が極端に少なくなることから、この時期以降の「ぼっち」学生は、大学に一人でいるスタイルが確立してしまい、キャンパス内で目立たない存在となることがわかります。

大学生は大学で「ぼっち」になることを極端に恐れているわけですが、そのわりには「ぼっち」になっている学生は多いと思われます。本人が望んでそうなっているのならともかく、不本意にそうなってしまう場合は、大学側によるサポート体制も必要になってきます。多くのぼっち学生は、仲間同士でつるんで騒いでいる他の学生をバカにしたり低く見て、自尊心を満たしている場合がありますが、彼ら彼女らは就職活動になると、そうした「コミュニケーション能力の高い」学生に集団面接やグループディスカッションで負けてしまいます。これも深刻な問題です。(参考文献『早稲田乞食』159号 2011年4月吉日発行 早稲田乞食編集部)

†嫌われ、無視され、異性に振られるのも、大学の必修科目

大学教員を中心に、「ぼっちなんか放っておけばいいじゃないか」という意見もあります。そういう発言をする先生は、自分自身が大学生時代に孤高の存在で、だからこそ大学教授になれたタイプが多い。そういう先生は精神的に強いからいいのですが、実際にはそうじゃない学生が多いのが実態です。むろん、こうした学生が増えてきて授業やゼミに支障をきたし、真剣に悩んで対策を考えている大学や先生方もたくさんいらっしゃいます。これが、私が取材してきた米国の大学なら、全寮制だったりほとんどの授業が少人数だったり、社交的な風潮もあって、ぼっちになりようがないのですが（それが正しいとは言っていないし、例外もあります）、日本の場合はそうもいかないので、今、多くの大学では、「ピアサポート」を充実させています。「悩み相談」みたいな部屋を設置する大学もあります。

一方で、新入生自身の意識改革も必要です。多くの新入生に申し上げたいのは、たとえ引っ込み思案で人見知りが激しいタイプであっても、大学では自分から積極的に人に話しかけて友人にならないと、いつまでも友達ができないということです。大学生のサークル活動は、同級生や先輩・後輩と知り合うために、貴重な機会ですが、今や多くの新入生が参加しないのが実態です。人間関係の希薄化以上に、経済事情の悪化によるアルバイト三昧という問題も昨今はあるのですが、サークルに所属しておくことで、友人もできるし、人間関係を学ぶこともできるので、私は新入生にはぜひサークルに入ることをお勧めしたいと思います。

サークルに入ったり、1年生の最初の初年次ゼミで無理やり気の合わない人とグループワークをさせられるのは苦痛かもしれません。嫌な体験もあるでしょう。でも、そうした経験を一切せず、4年間誰とも口を利かない大学生活は恐ろしく無味乾燥です。私たちの多くは、たとえ多少の苦痛があろうとも、人間関係の中で、仕事をしていかなくてはいけません。大学時代はそのための訓練をする場になりうるのですが、ぼっち学生の多くは、「嫌な人間関係から逃げるシェルター」として大学を活用してしまいます。それはもったいないと私は思います。

春4月、ネット上では早くも、大学でひとりぼっちになっている新入生の嘆きの書き込みが見られます。ぼっちになるのを防ぐためにとサークルなどに入っても、なじめずにすぐ辞めてしまう人は多い。就職活動でコミュニケーション能力が高く評価されるといわれる現在、コミュ力が高くないと大学生活でも生き残れないという風潮を感じます。一人で勉強したい学生にとって、大学の居心地は悪い。

私は大学側には「ぼっち」を防ぐ義務があると思います。たとえば、秋田の国際教養大学は全寮制で、ほとんどの授業が15人以下の少人数であり、いやでも友達ができるシステムです。東京都の嘉悦大学では、1年生はクラスごとに全員が同じ授業を受けるスタイルを導入しています。多くの大学で、1年生のぼっちを防ぐために、1年生ゼミを設置していますが、その水準はまちまちです。少なくとも私の出た東洋大学社会学部の1年生ゼミは、あまり友人づくりの場としては役立ちませんでした。それは、個々の教員の裁量が大きすぎて、1年生のゼミの教育内容に統一された目標がなかったためで、教育らしい教育もなく、何を学んだのかさっぱりわからなかったからです。20年たった今は、改善されたと信じたいところですが……。

高校生の場合、ぼっちになるのを避けるために、少人数教育の充実した中規模大学を選ぶという選択肢を考えてもいいと思います。たとえばICU、武蔵大学、成蹊大学などです。こうした大学では男女比も半々ぐらいのため、恋愛も盛んでカップルも生まれやすくなっています。男子学生で多いのですが、孤高を気取っている学生の場合、例外なく就職活動で苦労しています。やはり、少々いやでも人間関係の中で磨かれたり成長したりしていく面があり、その通過儀礼を経ないと社会人として必要な力が身に付かない場合があるのではないかと思います。

私もこう見えて人見知りをする方ですが、他人とコミュニケーションをする必要がある時は、自分に鞭打って斬り込んでいくのです。他人と付き合うのは、コミュ力の高いリア充じゃない人間にとって、多かれ少なかれ苦痛です。でも、社会人になれば、いやな上司や同僚、部下、取引先、お客様と必ず接することになります。そういったときに、ある程度人間関係の訓練をしていないと、耐えられずにすぐ心が折れてしまう。それをなんとかするのが、高校や大学での教育による能動性ではないかと私は考えており、今回の教育改革には期待する面もないわけではないのです。

大学でサークル活動などをすると、先輩や後輩、仲間との人間関係、恋愛のトラブルなど、多かれ少なかれ人間関係の修羅場を経験することになりますが、社会人になってからの苦しみはこれにお金や生活、他人の人生までが深くかかわってきます。それに比べれば大学生活など格好の練習台です。学生の多くは、親が高い学費を出しているので、大学を使い倒すべきなのです。

同級生に話しかけるだけではなく、教員や職員に一人知り合いをつくるだけでも、だいぶ違います。だから、教員に顔と名前を覚えてもらうよう、授業後には教員に積極的に話しかけることをお勧めしたいのです。今、大学でぼっちになっている学生諸君に申し上げたいのは、何か君たちが悪いからそうなっているわけではないということ。そして、皆さんは決して人として何か劣っているわけでもない。ただ、スポーツ選手が大会に挑むように、自己の力量を駆使して乗り越える壁が現れたということです。

ずっと大学で黙って、一人でいるのは、目の前の壁を乗り越えない生き方です。はっきりいって楽です、気持ちいいのです。誰も自分を否定しないから。でも、そこであえて、自分で自分を否定してほしい。「俺は目の前の壁を乗り越えなくてもいいのか」と。知らない誰かに話しかけるのは、とても怖いことです。嫌われたらどうしよう、無視されたらどうしよう。でも、そこで逃げたら、将来、壁はもっと高くなります。

嫌われたり、無視されたり、異性に振られたりするのは、大学の必修科目です。かならず自らの意志で履修してください。「大学は、先生に教えられることを勉強するだけではなく、自分で勉強するところ」だと、高校の先生に言われたことと思います。大学での勉強というのは、こうした、人間関係や人生経験も重要な勉強となっています。それを学ぶ一歩を踏み出せるのは自分だけです。「能動的な学び」「アクティブラーニング」は、どこかの大学のカリキュラムの中ではなく、自分の中にあり、自分の行動で動き出すものなのです。

†学生同士で学ぶ西南学院大学法学部

国立大学の入学定員は約8割が理系です。一方、日本の大学の大半は、「私立文系」です。中でも多くの学生が学ぶマンモス私立大学の文系学部は、専任教員一人あたり学生数が40〜60人という大人数になってしまっており（あの慶應のSFCですらそうです）、先生一人が何百人の学生につまらない一方的な授業をするという大人数講義がなくならず、どんな「改革」をしても教員が疲弊するばかりで、根本的な教育の改善は非常に難しい。だからこそ私は、早稲田大学を例に、大学側が一部の学生だけに用意した良いシステムを組み合わせ、大学を使い倒すことを勧めてきましたが、そんななかで、マンモス私大の教育改革の切り札だと私が考えているのは、SA（スチューデント・アシスタント）制度です。すでに立教大学経営学部や関西学院大学など、いくつかの大学で導入が始まっていますが、最も先進的な事例だと私が考えるのは、福岡県の西南学院大学法学部です。

西南学院大学法学部では、上級学年の学生がSAとして1年生の勉強をサポートします。「面倒見の良い」西南学院大学法学部基礎教育を支える、大事な制度です。「基礎演習SA」「図書館SA」「添削SA」「勉強会SA」という4つのSA業務があります。「基礎演習SA」は、1クラス25名の基礎演習（1年生のゼミ）の各クラスに先輩学生が張り付いて、1年生が課題を的確にこなすためのサポートをします。ゼミの副担任のようなものだと思ってください。大学生活に上手に入っていけるように、ディベートの立論や日々の学習など、全般的に1年生を支えてくれます。

「図書館SA」は、図書館に待機して、図書館の高度な利用をサポートします。とくに、自分が探している情報を入手するために、図書館にある資料をどのように活用すれば良いかについて、基本から教えてくれます。待機時間内であれば予約なしで利用できます。基本的には法学

上級学年の学生が１年生の勉強をサポート（写真提供：西南学院大学）

部生だけのサービスです。大学生になると授業の課題やディベートの事前準備などのために、図書館にある資料や検索ツールを使って、本や雑誌記事、新聞記事などを調べる機会が増えます。しかし、最初はその調べ方がわからない、調べた中から何を参考にしていいのかわからないという人が少なくありません。そこで始まったのが、図書館SAによるサポートです。図書館SAが教えるのは、図書館にある参考書、雑誌やデータベースを使って行う情報検索および収集と、その活用方法です。

「添削SA」は、入門科目の課題の添削をし、学習上のアドバイスをします。入門科目は、専門科目に進むために非常に重要です。この添削を受けることにより、受講生は学習内容を確実に身に付けていくことができます。

「勉強会SA」は、授業時間外の勉強会のチューターをしてくれます。法律の専門科目は難しいので、自分だけで予習復習をするのは困難です。そこで基本的な法律科目については、希望者を集めて少人数の自主勉強会のグループをつくり、SAがリーダー役をつとめます。ここで大学生同士の「教え合い」「学び合い」が実現しているのは、素晴らしいことです。

大学は、必ずクラスがある高校ほど学生を組織化していないため、人との関係が希薄になりがちです。このSA制度をうまく活用すれば、より有益な学習環境を手に入れることができます。相乗効果として、アシスタントをしている学生自身の勉強意欲や成績が向上していると評判です。

授業に真面目に出席しているだけでは、自ら学ぶ力は付きません。授業時間外にどれだけ時間をかけて質の高い自主学習をするかにかかっています。しかし、大学レベルの科目について、自主学習をするというのはそれほど容易なことではありません。そこで西南学院大学法学部では、学生が自然に「学び力」を身に付けられるような仕組みの整備を進めています。SAの積極的な活用はその一環です。

学生の主体的活動に対して、細やかな人的フィードバックを返す仕組みであることによって、学びの文化が生まれます。また、教員とSA、SAと学生の間のコミュニケーションが双方向性を有するものであることも、学びの文化の創造にとって重要です。さらに、講義に対応した授業時間外の自主活動を促すことによって、単位制度の実質化にも寄与しています。

SAを学部全体で集団として組織すること、および学生の自主活動のいくつかがグループ活動であることによって、学生集団の活性化という効果も上がっています。

†広がるSA制度によるフォロー

こうした法学部のSA活動を中心となって推進している、毛利康俊教授からお話を伺いました。毛利教授いわく、「九州ナンバーワンの私立大学である西南学院大学の学生は優秀です。しかし、手をかければもっと伸びると考え、法学教育はいかにあるべきかを考え抜いた末、2004年からSA制度を導入しました」。

学生は手をかければ伸びることを、教員は痛いほどわかっています。しかしマンモス私大の哀しい性で、教員は足りません。そこで、1年ゼミのSAを上級生がやることで、学生同士が学び合う仕組みをつくりました。1クラス25人の1年生ゼミは必修ですが、2〜4年生ゼミは選択となっています。2・3年生は8割がゼミに所属しますが、4年生ではゼミに所属する学生は全体の半分以下になり、卒論を書く学生は3～4割しかいない。就職活動も原因の一つです。入学時の教育は手厚いが、専門教育が手薄なことは自覚しているそうです。何もこれは西南学院大学に限った話ではなく、多くの大規模私立大学の実情です。

それでも、法学部は、文系学部の中では単位認定が厳しく、勉強させる学部だと思うと毛利教授は言います。弁護士や公務員を目指す学生も一定数いる。こうした中で、まずは導入教育から手を付けています。「本当は専門教育にまでアクティブな学びを進めたいのだが……」。

法学部のSAたちは、SA全体研修のほか、SAの種別に応じた個別研修を受けて現場に臨みます。1年生後期になると、勉強は急に難しくなる。そこで、続・法律学の基礎SA（課題添削）があり、授業時間外の昼休みや放課後に先輩が後輩の課題を添削し、課題提出を平常点に加算します。さらに少人数の自主勉強会をチューターとして運営します。

多くの大学で、初年次の入門科目は「適当」にやっているのが実情です。「経済学入門」といった講義を何百人で聴く。適当にレポートを書けば単位が出る。去年の試験問題はサークルの先輩からもらえる。だから一定数の、授業が身に付いていない落ちこぼれが出るのですが、フォローはありません。

しかし西南学院大学法学部では、1年生のための憲法、民法の自主勉強会を先輩が主催し、授業時間外の空きコマや放課後に指導する。しかもSAは毎週研修をしている。2年生前期には、憲法、民法、国際法の自主勉強会が開催され、先輩がチューターとなる。これは空きコマや放課後に開催される。このように、1・2年次の教育にSAを有効に活用している事例として、西南学院大学法学部は、日本の大学の中では稀有な存在でしょう。

こうした「学びのコミュニティ」は、制度としてすべての大学にあるわけではなく、有名大学、名門大学だからといってあるとは限りません。だから、期待したような学びの制度がない大学に入ってしまった場合は、自分でなんとかするしかない。けれど、こうした動きは全国の大学に広がっており、正規のカリキュラムに導入している事例が、徐々に増え始めています。

たとえば大阪府の大阪経済法科大学では、必修の1年生のゼミは1クラス20人ですが、専任教員のほかに、メンターという2年生以上の先輩2人と、サブチューターという専任職員が必ず付き、20人のクラスに4人の先生がいる状態です。メンターの学生たちは合宿や研修もして、後輩を指導するノウハウを身に付けています。昨今は1年生からゼミがあると強調している大学が多いのですが、1年生の多くは割り当てられた教員から指導を受けるため、自分に合わない教員のゼミに所属してしまうこともあります。こうした際に、職員や2年生の先輩が2人もクラスにいることで、多様な人と接する経験ができ、学生が退学や留年といった学業不振に陥るのを防ぐ効果があります。

全員が1年次前期に「経営基礎演習」（1クラス16〜17人）というゼミに所属する創価大学経営学部では、2・3年生の先輩SAがグループ活動のサポートなどをしています。さらに、1年生の個人ポートフォリオに、SAの学生がコメントを書き込むことも行っています。

ゼミごとに4〜5人のグループでプロジェクト学習をし、必ず2年生以上の先輩がSAとしてグループワークをサポートするのが、立教大学の経営学部。18人の先輩SAは毎年2月、3月に集まり、4月からの新入生ゼミでの教育のための合宿をして、教育内容の向上に努めています。教える体験をしたSAに対する企業からの評価は高く、就職活動でも高い実績を上げているそうです。

近年の大学生は、部活・サークル活動への参加が減っており、先輩・後輩といった上下関係の経験が少ないまま就職活動を迎えがちです。兄弟や親せき、地域の人々などとの人間関係も不足しがちです。

今回紹介した大学で、ゼミにおいて先輩との交流があることは、新入生に社会的素養を持たせる効果があります。私立大学の多くは専任教員が少なく大規模な講義が多くなりがちですが、こうした学生活用型の授業は、それを補完する役割を果たしています。

†全科目がアクティブラーニングの金沢工業大学

石川県野々市《ののいち》市の私立大学、金沢工業大学は、2016年度の新入生から、新しいアクティブラーニングを、全授業科目で導入しています。具体的には、「教え合い」と「反転授業」です。「教え合い」は、たとえば授業内で学生がグループになり、小テストを解いた後、大学院生のシニアTA（Teaching Assistant）に指名された5人の学生が、机を並べた5つの〝島〟に座り、回答できなかった学生がその島を訪ね、解き方を習います。どこの島も訪ねない学生にはシニアTAの方から声をかけ、その場で個別指導します。シニアTAは、どの学生が問題を解けそうかを常に把握しているため、これができるのです。

通常、授業は上位層2、中間層6、下位層2の学生の中間層に向けて行われるので、上位層2は物足りず、下位層2はついてこられません。そこで、上位層が下位層に教えることで、全員が満足するような授業を目指します。人に教えるには自分自身が理解していなければいけないので、優秀な学生にとってもさらに勉強になる仕組みです。

シニアTAは教員の指示で授業の重要な部分をビデオ撮影し、解説も付けてビデオ教材も作成するので、学生は復習用動画をいつでも視聴できます。授業後はシニアTAがライブラリーセンター（図書館）の「Knowledge Square」（小教室）に待機し、授業がわからなかった学生に対して課外授業も行うので、授業が理解できないまま帰宅することはありません。

「反転授業」は、本来授業で実施する学習内容を、デジタル教材などで予習しておき、教室では理解を深めたり、問題解決型の学習をしたりするものです。たとえば、授業の最初に予習を前提とした確認テストを行い、その後、採点された前回の授業の宿題を返却。間違った部分の確認を行い、わからない部分は学生が教え合います。予習を済ませているので、発展的な学習や実践的な問題に取り組めます。

反転授業は、飛躍的な学習効果の向上がみられ、予習をしないと授業についていけないため、授業外学習も活発になっています。

【反転授業の流れ】

①家でビデオと演習シートで予習
②宿題提出
③確認テスト
④前回の宿題を返却
⑤宿題に対するコメント及び訂正

⑥アクティブラーニングを活用した授業の実践
⑦次回の授業に向けた準備。予習の範囲や学習のポイント
⑧家で復習と課題の取り組み

誰でも、どこかの大学には入れる、大学全入時代を迎えた今日、大学は入学した学生をいかにして優秀な人材に育て上げ、社会に送り出せるかが使命となっています。各大学は様々な制度により、学生の生活面や学習面の支援を行っていますが、金沢工業大学には、日々の学習だけではなく、学生のプライベートまでも含めた管理をする「修学ポートフォリオ（一般的には学習ポートフォリオ）」があります。

新入生は入学直後から1年間、その週の優先順位や達成度、1週間の行動履歴（日曜日にデートしたことまで書く学生もいます）や満足したこと、努力したことなどを記録し、修学アドバイザー（クラス担任）に毎週提出します。修学アドバイザーはこれにコメントをつけて返却します。これにより、自己目標の達成度を確認できるとともに、能動的な学習スタイル・生活スタイルを早期に身につけることができます。

「出欠席遅刻」の項目には、科目名と理由、「学習」は科目名、資格名、時間数、「課外活動」は教育施設、クラブ活動、アルバイト、時間数、「健康管理」は朝昼夜の食事摂取、睡眠時間、

積極的な運動時間、1週間で満足したこと、努力したこと、反省点、日常生活で困ったことなども事細かに記入します。大学が学生を厳しく管理しているように見えますが、これは社会人になって自律した生活を自発的に送るためであり、1年次にこれを実施した学生たちは、2年次以降は言われなくても規律正しい大学生活が送れるようになるそうです。

こうした学習ポートフォリオの成果は、キャリア教育にも生かされており、就職活動の際に、自分が大学1年生からどう体系的に学んできたのかを、本人が正確に把握し、企業にPRできるそうです。

従来、一般的な大学の科目履修は、大学側は学生に任せきり、ほったらかしで、学生は先輩や友達から「楽勝科目」を聞いてはそれを履修していました。しかし、それでは大学で本当に必要な知識が身に付く可能性は低い。全入時代の学生は全員が入学時に自発的な学習習慣を持っているとは言い難く、このように大学側が学生の学習を管理する必要性に迫られている場合もあります。

学習ポートフォリオ導入の背景には、企業が求める人材像の変化があります。言われたことをやる社員から、自ら問題を発見し解決できる、言われたこと以上の仕事ができる人材へと、企業ニーズが変化しており、受け身ではなく能動的な学生でなければ就職はおぼつかない。世相の変化に対応し、大学教育も様変わりしつつあるのです。ただし、各大学の取り組みにはかなりの温度差があり、教育内容の差異化が進んでいます。教育内容で大学を選ぶ時代が到来してきているのです。

†金沢工業大学のCDIOについて佐藤恵一教授に聞く

金沢工業大学は、技術者教育の世界標準「CDIO」を国内の大学で初めて導入しています。「CDIO」とは、「Conceive（考え出す）- Design（設計する）- Implement（実行する）- Operate（運用する）」の略です。CDIOは、従来行われてきた知識教育に加え、知識を活用してシステムや製品開発を行うことができる学生の育成を目指しており、次世代のエンジニアを育成する革新的教育のフレームワークとされています。CDIOはシステムや製品開発における工学の基礎教育を学生に提供するもので、統合カリキュラムを加盟校が確立し運用を目指しています。現在、CDIOには世界25カ国から114の高等教育機関が加盟し、工学教育の世界標準になりつつありますが、日本で参加しているのは金沢工業大学だけです。

20世紀後半、大学では企業現場において一般的とはいえない知識偏重型の教育が主流でした。実用性の高い学問である工学部ですらも例外ではありません。これは工業系の大学に限った話ではなく、日本の大学すべての教育の問題です。

これに対し、企業や社会が、技術者に必要な技術や態度、自発性、創造性、技能、リーダーシップ、動機づけ、チームワークなどを身につける教育を重要視することを求めたことに始まり、工科系大学の教育プログラムを改革することを狙いとして、2000年にMITとスウェーデンの3つの大学が協力して「CDIO」を発案しました。

こうしてCDIOは工学教育の世界標準になっている「はず」なのですが、日本では金沢工業大学と、併設校の金沢工業高等専門学校しか加盟していません。CDIOが工学教育の世界標準なのに、なぜ金沢工業大学しか参加していないのか。金沢工業大学副学長・教育担当（取材当時）の佐藤恵一教授にお話を伺いしました。

――世界中で、工学教育のあり方に対する反省が生まれました。理論ばかりで実践が欠けている。産業界の立場に立った教育をしてこなかったのではないかという反省です。頭でっかち、理論や原理原則に偏りすぎ、本当に人間の役に立つ工学教育をしてこなかったのではないかと。では、どういう教育をしたらよいのだろう。理論と実践のバランスの取れたエンジニア教育とは何か。大学教育はこれでいいのか？

金沢工業大学では1995年からいろいろと改革をしているが、2010年にCDIOの存在を知り、翌年からこれに加わりました。金沢工業大学では以前から、理想の技術者教育を追求してきましたが、それは、自分たちだけでやってきたものでした。これでは唯我独尊になってしまわないか。世界の大学と意見交換し、良いところを取り入れたい。日本の大学は自分たちだけで「日本の大学教育は良い」というのは危険です。

――世界から認められた教育をしたいと考えていたところ、CDIOはピッタリでした。CDIOとは、考え出す、設計する、実行する、運営することを学ぶ工学教育であり、ものをつくる、使うだけでなく、捨てる、リサイクルすることまで考える、理想的な工学教育です。これを技術者教育の中に取り入れよう、CDIOという言葉だけではなく工学教育、エンジニア教育というもっと広い枠組みの中で、理想の技術者教育をしようと考えています。

CDIOには12項目の基準が提示されており、さらに「CDIOシラバス」も例示されているので、これに合わせた教育をします。12項目の基準とは、たとえば先生が一方的に教えるのではなく、双方向で学ぶアクティブラーニングを導入していること、学生同士で専門知識と同時に製品・システム開発スキルを実践的に学びあうワークスペースや実験室があること。これは本学では、夢考房など教室以外の学びの場として以前から充実を目指してきた強みです。さらに、専門知識を個人・対人スキルや製品・システム開発スキルと同時に修得する「統合化した学習体験」。製品の設計とその設計に伴う社会的責任と共に一つの学習体験で学ぶことなど、が基準として求められます。

「CDIOシラバス」は、システムシンキングや批判的思考、仮説と実証、モデル化や定量化による分析力、技術者としての倫理観、あるいは、チーム運営能力とリーダーシップ、口頭・文書・図形・英語によるコミュニケーション能力、社会における技術者の役割、経営的視点、プロジェクト運営・設計能力、改善能力などが身に付く教育をしていることを、シラバスに示し、そうした教育を推奨しています。これが、MITやスタンフォード大学も参加している「CDIOイニシアチブ」であり、本学が加盟しているものです。

——CDIO教育を受けた金沢工業大学の学生は、積極的です、プレゼンテーション能力が高い、行動力があるなど、企業からはその実力が高く認められています。特に、卒業研究のプロジェクトデザインⅢでは、ポスターセッションや発表の場で、積極的に質問する学生が育っています。今の若い学生たちはアクティブで、昔とは変わっている。

2年生前期の「プロジェクトデザインⅡ」でも、金沢市や野々市市の地域や企業の方々などと活発に交流し、専門分野に関連するテーマでアイデアを創出・具体化できている。ロボットコンテストやソーラーカーなども学生を成長させる。こうした積極的な学生は、メーカーで必

ステークホルダー交流会でのプレゼンテーション（写真提供：金沢工業大学）

要とされている。金沢工業大学ではステークホルダー交流会を開催し、意欲ある学生の成長をプレゼンテーションという形で企業に直接見ていただく機会を設けていますが、企業からは「これこそ我々が会社の中で求めている力だ」と言われます。

学生の中には大人しいタイプもいる。しかし、エンジニアはグループの中で活躍できることも必要です。個を大事にしながら、組織の中でどう活動していくかを、グループ活動で知ってもらい、自分の良いところを伸ばせる教育をしています。チームの中で自分はどうあるべきかを考えてほしい。大人しくて優秀な学生もいれば、口が達者な学生もいる。チームの中で、それぞれが活躍できるように、プロジェクトデザイン教育はあります。

チームでプロジェクトをやれば、失敗もします。でも、学生時代に小さな失敗をしておくと、大きく育つ。この経験を大事にしていく。実際の問題に取り組んで、本当の失敗を経験すること。工学教育では、社会に通用するかしないかが基準なので、学生も納得します。

従来型のテキストベースの一方的な知識の伝授ではなく、学生が実際の問題に取り組む、アイデアを出す、もちろん知識も身に付ける、こうした教育が重要です。

†大学でどれだけ伸びるかが重要

山内「現場の技術者を育成する金沢工業大学だからこういう教育が必要なのであって、研究者養成が目的の東大などトップ大学の工学部には無関係でしょうか？」

――いや、MITやスタンフォード大学が参加しているように、東大や京大こそ、こうした実践教育をしてほしい。研究者養成もいいけれど、産業界でイノベーションを起こせる人、起業できる人を生み出してほしいからです。数学力、科学力がもともとすごいだけではだめです。学生は素材＋付加価値。偏差値が高い学生は素材はいいかもしれないが、大学に入ってどれだけ伸びたかが重要です。だから金沢工業大学は付加価値日本一を目指す。入ってから伸びる。

これが本学の教育の原点。実践的な教育は現場に強い。高校生は誤解しているかもしれませんが、実践教育とは技能ばかりを教育しているわけではない。それは誤解です。実践的な能力を付けるとは、社会をとらえて、発想を大事に、イノベーションを大事に、アイデアを創出すること。研究開発でも技術開発でも、これが重要です。

金沢工業大学は、数少ない、日本の大学教育の成功事例の一つですが、東大や京大に入れる学生がこぞって入学するわけでもありません。ここに、偏差値至上主義の弊害があります。金沢工業大学は、「大学が学生に提供する教育システム」という意味では、非常に完成度が高いのですが、他のほとんどの大学はそうではないので、学生がより積極的に、自ら学ぶ姿勢が求められます。

金沢工業大学は、「言われたことだけをやる学生」をつくっているのではありません。まず、大学側が、最大限、学生を支援し、学生はそれを享受するだけでなく、それ以上の学びを自ら獲得するのです。これは米国トップ大学に通じるものがあります。願わくば、読者の子弟がそれぞれ入った大学で、最大限学んでいただきたいと思います。

文系大学で、金沢工業大学並みに学生を鍛え上げる大学は、ほとんど見当たりません。しかし、新入生に自ら学ぶ動機づけをしていることでは、愛知県名古屋市の愛知淑徳大学が際立っています。

†愛知淑徳大学の初年次教育

愛知淑徳大学は、1年生の初年次教育に非常に力を入れています。まずは、高校生への「入学前指導」。大学で専門知識を着実に修得できるよう、入学前に基礎学力の充実を図ります。高校1~3年生を対象とした「体験講義」。これは大学を見学するオープンキャンパスと異なり、在学生と共に講義を受講します（事前申込制）。

さらに、指定校制推薦入試、AO入試合格者への入学前指導として、全学科共通で、教員が編集した「日本語」「英語」の基礎的運用能力を高める「ドリル式課題」を課します。課題は12月に渡し、3月に提出、5月にアドバイスをします。大学での学修に対する早期の動機づけと、4年間の学修をより効果的にするための基礎力をつけます。推薦、AO入試で、高校3年生の早い段階で大学合格が決まる学生が半数近い今、それなりに難関である愛知淑徳大学であっても、大学入試が学力選抜として機能しない学生層もいる可能性があるため、今どきはここまでやらないといけないのです。

「学生生活報告会」は、高大連携推進提携校の生徒を対象に、これらの高校から愛知淑徳大学に入学した在学生が出身高校を訪問、あるいは高校が大学見学会で来校した際に後輩に向けてキャンパスライフを語るイベントで、進路選択に役立つアドバイスをするのが目的です。

「入門講座」は、高大連携推進提携校からの指定校制推薦入試による入学予定者に対し、「大学で学ぶことの意味」や「大学における情報・知識の獲得方法」など、入学してから学生生活や学修がスムーズにスタートできるよう、大学教員が学内で3月下旬に集中講座を開講するものです。入学式の前に、これだけのプログラムをやります。

・入学後

入学後の初年次教育としては、新入生全員が、TOEIC IPテスト（英語）、大学生学習能力調査（国語）、新入生向け基礎学力チェックテスト（数学）の3つの学力テストを受け、さらに、学習実態調査（学生アンケート）を行います。これは入学時における基礎学力を把握するために実施し、その結果に応じて、アドバイザー教員が履修指導を行います。すなわち、入学直後に全員が学力テストを受け、アンケートに答えることで、「学生カルテ」が全員分できます。これは教員が学生との面談の内容を記録するためのツールで、その情報を学内のネットワーク上で一元管理・共有し、教員同士が連携して学生を支援します。入学時のテストやアンケート結果から、在学中の資格取得、クラブ・同好会・委員会の入部・入会状況も一元管理します。

・学生カルテに掲載される主な内容

入試、学籍、奨学金、クラブ活動、ボランティア活動、履修単位集計、履修科目一覧、時間割、就職先、インターンシップ、新入生アンケート（高校時代、大学入学時・入学後・卒業後）、資格関連（学習実態調査（英語／国語／数学）・漢字検定・日本語検定・TOEIC・TOEFL・簿記・ITパスポート・HSK）など。

この学生カルテをもとに、1年次の5月と10月に、全学生がアドバイザー教員と個別面談をし、学生生活のサポートをしてもらえます。面談は2年次も実施され、その後はゼミの教員に引き継がれます。

学生は、教員の学生カルテのほか、「AS（愛知淑徳）キャリアデザインファイル」を自分で記入します。これは大学での目標や実際に行った活動を自ら記録し、自分と向き合いながら将来に対する考えを深めるためのツールで、教員との面談に活用し、記入した内容をもとに学生が自分の思いをより明確に伝えることができ、アドバイザー教員からより的確なアドバイスを得るためのものです。キャリアアドバイザー職員との面談には、「ＡＳキャリアデザインファイル」への記入が必須となっています。教職志望者には「教職履修カルテ」もあります。

1年次の全学必修の基幹科目は「違いを共に生きる」「ライフデザイン」のほか、「日本語表現Ｔ１（テクニカルジャパニーズ基礎）」があり、大学の学修や社会生活の基盤となる日本語の表現力を養い、思考力とコミュニケーション能力を高めます。応用科目としては「ビジネスリーディング」「ビジネススピーキング」「アカデミックリーディング」などがあり、社会人になるための国語の科目が、このようにとても充実しています。入学時にはこのほかに、新入生全員参加の研修合宿（学科・専攻ごと）、『大学生のための読書案内――入門編』という専任教員による読書ガイドブックの新入生全員への進呈があります。

資格取得サポートも充実しています。英語（ＴＯＥＩＣ ＩＰは年2回、ＴＯＥＦＬ ＩＴＰは年1回無料で学内受験できる）、中国語（ＨＳＫ試験対策科目を履修している学生は年2回無料受験）、韓国語能力試験（科目履修者は年2回まで大学側が受験料を負担）、情報（ＩＴパスポート試験、基本情報技術者試験、学内プレテストの条件を満たすと受験料全額補助）、会計（日商簿記、各級につき1回受験料免除）、日本語（漢字検定、日本語検定、年1回の日本語検定は無料受験できる）など。ほかにも各種資格対策講座がありますが、なんといっても受験料が無料になる点が注目で、学生の能動的な学習を促しています。

✝愛知淑徳大学の会計教育科目

愛知淑徳大学でもう一つ注目なのは、たとえ文学部国文学科の学生でも、簿記1級を目指して勉強ができ、しかもそれが課外講座ではなく正規の単位になる、全学共通教育の会計教育科目です。大学に設置された会計教育センターでは、日商簿記検定3級、2級、1級の各レベルに合わせて初級簿記、中級簿記、上級簿記の3つのコースを用意し、初めて簿記に触れる学生も段階的に学べるカリキュラムを組んでいます。学部生はこれらの科目で修得した単位が卒業に必要な単位として認められます。授業の中で行われる単位認定試験の点数によって、コーディネーター教員が評価を行う仕組みです。

会計教育科目は9科目あり、初級簿記（3級程度）は「基礎総合」のみ。中級簿記（2級程度）は「商業簿記」「工業簿記」「実践」の3科目。上級簿記（1級程度）は「商業簿記・会計学1・2」「工業簿記・原価計算1・2」「実践」の5科目。単位は中級簿記の「実践」が2単位で、それ以外の科目は4単位となっています。

授業は、簿記教育で名高い専門学校の講師が直接指導するため、ダブルスクールの必要がありません。会計教育センターが管理・運営を行うため、各授業科目には担当コーディネーターの大学専任教員がつき、成績評価や運営のサポートを行います。日商簿記検定の実施日に合わせて授業を開講。合格をめざして効率的に学習できます。難度の高い2級・1級は検定試験の直前に対策講座を設け効果的な指導を行います。各級1回に限り、大学窓口を通して受験を申し込んだ場合は、受験料は大学が負担します。但し目標となる試験の日以外の受験の場合は認めません。

検定再受験者をバックアップする仕組みも整っています。会計教育科目の再履修者のうち、日商簿記検定3級、2級の再受験を目指す学生のために、通常科目とは別の演習科目を開講。大学専任教員が中心となって指導し、授業では多くの練習問題をこなして弱点を克服します。

合格者の成績評価をランクアップする仕組みもあります。単位認定試験でB、C、Fを取得した学生が、目標とする試験の日に大学窓口を通して日商簿記検定を受験し、合格した場合には、当該科目の成績をAの評価にランクアップ。

なぜ愛知淑徳大学は簿記教育を重視しているのか。それは日商簿記検定を取得すると、ビジネスに不可欠な会計力が高まるからです。3級なら個人商店の経理事務ができるレベル。営業や管理部門でも役立つ。2級は企業の経理担当者に必要とされるレベル。経営状況が理解でき、経営管理に携わる上で役立つ。1級は税理士や公認会計士への登竜門。会計の高度な専門知識を持ち、経営管理や経営分析ができるレベル。今後、英語やコンピュータと同様に、会計に詳しいことは、文系私大生にも強く求められるようになっていくでしょう。簿記に力を入れる大学は、将来の進路を考える上で、選択肢の一つになりえます。

これほどの大学の変化を、「専門学校化」「就職予備校化」といって批判する人もいます。私は、大学教育は何が正しいのかではなく、正解はない、多様化していると考えています。各大学や受験生個人が「自分に合っているのは何か」と考えることで、選択肢が広がればよいと考えています。こうした「勉強させられる」大学が嫌だという人は、心配しなくても、昔ながらの大学はたくさんあります。

†「大学合格」の先に続く「能動的な学び」

こうした大学や高校の教育の変化、あるいはアクティブラーニングの積極的な導入は、いったい何に突き動かされているのでしょう。もちろん、学校の教育水準が高まること自体は歓迎するべきですが、私たちは時々立ち止まって、冷静に考える必要があります。

どうして国はこうした改革を進めるのか。現状を一言でいうと、日本がどんどん貧しくなっているからです。国民の平均所得はこの15年で約50万円も下がりました。冷戦終結後からの失われた30年、少子高齢化、爆発的に経済発展するアジア各国との競争、ＡＩ（人工知能）の発達など、いろいろ理由はあります。しかし、重要なことは、「今までの勝ちパターンでは勝てなくなったのに、企業も学校も過去の勝ちパターンから抜け出せない」ことです。

日本の大学生の多くには、能動的な学習習慣が身に付いていません。でも、かつての親世代だったら、それで困らなかったのです。１９９０年ごろまでの企業は、学力によって選抜された、頭の中が真っ白な大学生に、「これをやれ」と指示するだけで、経済発展してきたのです。ところが30年後のいまでも、まだ誰もがこのパターンにはまっているのです。

私たちの中には、「自分の頭で考えず、誰かに言われたとおりにやるのが好きだ」という人が、かなり多くいます。有名大学に合格する学生ですら、先生や塾が言うとおりに、受動的に学んで、受験を突破する人が多くいます。そうでなければ、従順な官僚や大企業の社員にどうしてなれるでしょうか。多くの教育関係者の理想とは裏腹に、これが現実です。そんな時代錯誤なメンタリティでも、富国強兵の戦前、高度経済成長期の戦後は、日本人は黙って言われたとおり働けば、豊かになれました。でも、ルールは変わったのです。今や、誰かに指示されて、言われたとおりに滅私奉公で働いても、国の借金と労働時間ばかり増えて、所得は増えないのです。どうすればいいのか？

自分の頭で考え、工夫し、イノベーション（技術革新）を起こすしか生き残る道はありません。国や会社は子どもたちの未来を守ってくれないのです。サービス残業や休日出勤で豊かになれた時代は終わったのです。だから、能動的な学習なのです。学校や親や先生や会社に、言われたとおりに学ぶだけではなく、自分で考える、あるいは、与えられたものを疑ってみる、いくつもの考え方を組み合わせて、新しいものを生み出してみる。親や教師や企業など古い勝ちパターンしか知らない世代は、若者の挑戦を邪魔しない（これが大事）。

大学は自分から動けば使える仕組みはたくさんあります。授業を黙って聴いて、テストで点さえ取れればいいという、効率的な学びだけが正解ではなく、授業外の学習、先生や生徒同士の対話、共同で何かをすること、社会と関わることなど、自分から行動し、つかみ取り、変わっていき、新しいものをつくりだすのです。

子どもたちだけではなく、まず、親や教師から意識を変えるべきです。私たちは会社や学校に使われて、言われたとおりに働くだけの存在ではなく、能動的に学び、行動し、新しいものをつくりだす存在なのです。そのために、自らアクティブに学ぶべきであり、その成果を世の中に発信するべきなのです。

他人からどう思われるかなど関係ありません。日本人は気にしすぎです。政府ですら「OECDのPISAの点数」「世界大学ランキング」に一喜一憂しています。確かにそうしたランキングも重要な側面はありますが、「他人にどう見られるか」を気にしすぎる日本人の悪い癖で、順位にしばられ、他人から評価されたいばかりに、本当に自分の好きなことができず、がんじがらめなのです。

「他人にどう見られるか」が自分の評価を決めるのではなく、「自分がどう生きるか」こそが重要。今回の教育改革が、多くの受動的な、他人からの評価で生きる日本人のメンタルを変えていけるのなら、私は前向きに評価したいと思います。

あとがき

「高大接続」の主語は何でしょうか？

つまり「接続する」主体者は誰かと問われた時に、これまでの議論は、文部科学省や大学、高等学校など、教育する側の制度改革という視点から行なわれてきました。つまり教育者が、接続する主体なのです。

2016年8月に文科省が公表した「次期学習指導要領に向けたこれまでの審議のまとめ（素案）」の総論部分には「カリキュラム・マネジメント」という言葉がなんと49回も使われています。つまり、これからの社会で求められる資質・能力を育成していくために、入学試験制度を含めて教育課程をどのように再構成していくか、という「教育学」的な発想です。

もちろん、これも重要なことであり、文科省関係者のご努力に深甚の敬意を表するものですが、「学習学」を提唱する私（本間）の立場からすると、「接続する」主体者は「学習者」であるべきだと考えます。つまり、高校での学びを大学以降の学びに、どうつなげ、どう活かしていくか、ということが、より大切だと思うのです。

実際問題として、大学で学んだことのない高校生に、長期的な見通しを持て、というのは、現時点では無理な注文のように見えるかもしれません。「ふつうの高校生活を送っている生徒に、大学以降の人生とどうつなげて良いか、わかるはずがない」という批判の声が聞こえてきそうです。

しかし、「行き先が見えないまま、目の前の勉強をやらされる」という感覚を持つ高校生が多いのも事実であり、これこそが、現代日本社会の様々な教育問題の核心なのではないでしょうか？　だからこそ、今、アクティブラーニングが導入されている訳です。

それをかけ声倒れに終わらせず、ALの実を上げるためには、「キャリア教育の視点」が必要です。高大接続の延長線上には、社会人となって仕事をし、家庭を持ったり、地域コミュニティで生活したりする自分自身の未来を見つめる機会が不可欠なのです。

親と先生以外の大人の話をじっくり聴き、「仕事」が行なわれている現場で体験を積むこと。小学校以来、あるいは、それ以前からの過去の学びをふりかえり、未来を展望して、自分の生き方を考え、自分らしく人生をデザインする場が、高校3年間のどこかにあってしかるべきです。

制度改革も重要ですが、現場の先生方には、教科教育だけでなく、こうしたキャリア教育のプログラムの充実をぜひ、お願いしたいと思うのです。また、親御さんにも、ご自身の人生の選択の軌跡を、お子さんにさりげなく（押しつけがましくなく）伝えていただきたいと願っています。

私の志は「最新学習歴」という言葉を広めていくこと。

「学歴」という言葉こそが、中学と高校、高校と短大・大学などの教育機関での学び、そして、学生時代と社会人時代をブツ切りにしている元凶だと思うのです。

山内太地さんが、全国各地に足を運んで得た豊かな知見をもとに詳細な状況分析と提言を行なった本書が、一つのヒントとなり、高校生と高校生の親・保護者の皆様が、「学びをつなげる」発想を持って、学校選びを行ない、充実した「学ぶ人生」を実現して下さることを祈念しています。

本間　正人

ちくま新書
1212

高大接続改革《こうだいせつぞくかいかく》
――変《か》わる入試《にゅうし》と教育《きょういく》システム

二〇一六年一〇月一〇日　第一刷発行

著者　山内太地（やまうち・たいじ）
　　　本間正人（ほんま・まさと）

発行者　山野浩一

発行所　株式会社　筑摩書房
東京都台東区蔵前二-五-三　郵便番号一一一-八七五五
振替〇〇一六〇-八-四一二三

装幀者　間村俊一

印刷・製本　三松堂印刷　株式会社

乱丁・落丁本の場合は、左記宛にご送付ください。
送料小社負担でお取り替えいたします。
ご注文・お問い合わせも左記へお願いいたします。
〒三三一-八五〇七　さいたま市北区櫛引町二-六〇四
筑摩書房サービスセンター　電話〇四八-六五一-〇〇五三

ISBN978-4-480-06918-4 C0237

872
就活生のための作文・プレゼン術
小笠原喜康
就活で勝つ文章とは？　作文・自己PR・エントリーシートを書く極意から、会社・業界研究法まで、必勝のテクニックを完全公開。就活生必携の入門書決定版。

949
大学の思い出は就活です（苦笑）
——大学生活50のお約束
石渡嶺司
大学生活の悩み解決。楽しく過ごして就活はもちろん社会に出てからも力を発揮する勉強、遊び、バイト経験とは。すごい人をめざす必要なんて、全然ありませんよ。

1014
学力幻想
小玉重夫
日本の教育はなぜ失敗をくり返すのか。その背景には、子ども中心主義とポピュリズムの罠がある。学力をめぐる誤った思い込みを抉り出し、教育再生への道筋を示す。

1026
ユダヤ人の教養
——グローバリズム教育の三千年
大澤武男
グローバルに活躍するユダヤ人。ノーベル賞受賞、世界企業の創業、医師や弁護士……。輝かしい業績を生む彼らの教養・教育への姿勢と実践を苦難の歴史に探る！

1041
子どもが伸びる　ほめる子育て
——データと実例が教えるツボ
太田肇
「ほめて育てる」のは意外と難しい。間違えると逆効果。どうしたら力を伸ばせるのか？　データと実例で「ほめ方」を解説し、無気力な子供を変える育て方を伝授！

1047
公立中高一貫校
小林公夫
私立との違いは？　適性検査の内容は？　どんな子どもが受かるのか？　難関受験教育のエキスパートが、徹底した問題分析と取材をもとに、合格への道を伝授する。

1174
「超」進学校　開成・灘の卒業生
——その教育は仕事に活きるか
濱中淳子
東西の超進学校、開成と灘に実施した卒業生調査。中高時代の生活や悩みから現在の職業、年収まで詳細に分析。そこから日本の教育と社会の実相を逆照射する。

ちくま新書

1180 家庭という学校 外山滋比古
親こそ最高の教師である。子供が誰でももつ天才的能力をつなぎとめるには、親が家庭で上手に教育するしかない。誇りを持って、愛情をこめて子を導く教育術の真髄。

772 学歴分断社会 吉川徹
格差問題を生む主たる原因は学歴にある。そして今、日本社会は大卒か非大卒かに分断されてきた。そのメカニズムを解明し、問題点を指摘し、今後を展望する。

1066 使える行動分析学 ――じぶん実験のすすめ 島宗理
仕事、勉強、恋愛、ダイエット……。できない、守れないのは意志や能力の問題じゃない。行動分析学の理論で推理し行動を変える「じぶん実験」で解決できます！

1077 記憶力の正体 ――人はなぜ忘れるのか？ 高橋雅延
物忘れをなくしたい。嫌な思い出を忘れたい。本当に記憶を操作することはできるのか？　多くの人を魅了する記憶力の不思議を、実験や体験をもとに解説する。

1085 子育ての哲学 ――主体的に生きる力を育む 山竹伸二
子どもに生きる力を身につけさせるにはどうすればよいか。「自由」と「主体性」を哲学的に考察し、よい子育てとは何か、子どもの真の幸せとは何かを問いなおす。

1097 意思決定トレーニング 印南一路
優柔不断とお悩みのあなた！　それは性格のせいではなく、決め方を知らないのが原因です。ダメなルールをやめて、誰もが納得できる論理的な方法を教えます。

817 教育の職業的意義 ――若者、学校、社会をつなぐ 本田由紀
このままでは、教育も仕事も、若者たちにとって壮大な詐欺でしかない。教育と社会との壊れた連環を修復し、日本社会の再編を考える。